中央高校基本科研业务费专项资金资助（RW2015-10）
教育部新文科研究与改革实践项目"产出导向与持续质量改进模式下的新文科外语类课程体系和教材体系建设与实践研究"（项目编号：2021070015）的阶级性成果

中国典籍英译对比研究

卢晓敏　朱红梅　曾　超　郭　陶　赵　婷　编著

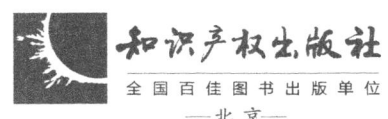

全国百佳图书出版单位
——北京——

图书在版编目（CIP）数据

中国典籍英译对比研究 / 卢晓敏等编著 . —北京：知识产权出版社，2024.1
（中国典籍英译赏析系列 / 史宝辉，李芝主编）
ISBN 978-7-5130-8576-2

Ⅰ.①中… Ⅱ.①卢… Ⅲ.①古籍—中国—英语—翻译—对比研究 Ⅳ.①K203

中国国家版本馆 CIP 数据核字（2023）第 000334 号

责任编辑：江宜玲　　　　　　　　　　　责任校对：谷　洋
封面设计：商　宓　　　　　　　　　　　责任印制：孙婷婷

中国典籍英译赏析系列

中国典籍英译对比研究

卢晓敏　朱红梅　曾　超　郭　陶　赵　婷　编著

出版发行：知识产权出版社有限责任公司	网　　址：http://www.ipph.cn
社　　址：北京市海淀区气象路 50 号院	邮　　编：100081
责编电话：010-82000860 转 8339	责编邮箱：99650802@qq.com
发行电话：010-82000860 转 8101/8102	发行传真：010-82000893/82005070/82000270
印　　刷：北京中献拓方科技发展有限公司	经　　销：新华书店、各大网上书店及相关专业书店
开　　本：720mm×1000mm　1/16	印　　张：11.5
版　　次：2024 年 1 月第 1 版	印　　次：2024 年 1 月第 1 次印刷
字　　数：180 千字	定　　价：68.00 元
ISBN 978-7-5130-8576-2	

出版权专有　侵权必究
如有印装质量问题，本社负责调换。

前言

《中国典籍英译对比研究》是北京林业大学外语学院主编的"中国典籍英译赏析系列"丛书的第二部作品。本丛书第一部《中国典籍英译析读》已于2017年出版，按照散文、小说、诗歌三种体裁，精选了中国古代典籍及其经典英译，以注释、评述和练习的方式，对中国传统文化中的文史哲名家名作做了提纲挈领的解读。鉴于中国典籍的英译版本繁多、阐释多样，我们在第一部以作品介绍为主的教材基础之上，以译本对比为视角，写成了第二部著作《中国典籍英译对比研究》。

与第一部类似，本书在体例上也分为三部分——哲学文本、小说文本、戏剧文本的译本对比。中国古典文献在阐释上的不确定性，给了众多译者广阔的选择空间；而译者本人在翻译动机和风格上的自主选择，使得原作在另一种语言、另一种文化中显出了别样的风采。经得起多种解读和改编是经典之所以成为经典的特性之一，而对比不同译者对同一典籍的解读，有助于读者和研究者更全面地理解原作。因此，本书是以译者为视角，以文本为根据，以不同译者在翻译同一典籍时所采取的不同翻译策略为分析证据，探索译者在译作中"显形"给原作和读者所产生的不同传播效果。

本书第一编"中西译思的碰撞：理雅各与辜鸿铭《中庸》译本比较"属于哲学文本对比研究，只用了儒家"四书"之一《中庸》的一个源文本，比较了两位译者——19世纪英国汉学家理雅各和特立独行的民国旷世怪杰辜鸿铭的英译本。本编源自北京林业大学外语学院2012级翻译硕士赵婷的毕业论文《译者主体性视角下〈中庸〉两个英译本对比研究——以理雅各和辜鸿铭译本为研究对象》(2014)，经她和论文导师朱红梅老师两人修订增补

· I ·

而成。赵婷硕士毕业后在中央广播电视总台环球国际视频通讯社做英文编辑，专门从事中国新闻的英译传播工作。在这篇译本比较研究论文中，作者对这两位译者做了传记式研究，对他们在翻译《中庸》过程中的策略和风格做了详尽的考证。学者型翻译家理雅各，本着忠实严谨的直译态度，加了大量的注释，考证中国历朝历代对《中庸》的笺注和解读，力求对原作的思想和风格作出最大程度的还原；而以弘扬儒家文化、改造现代世界为己任的辜鸿铭，却采取了夹叙夹议的归化译法，旁征博引西方众多人文社科名家名作、箴言警句，让中国先秦时期的这一儒家经典之作，与西方世界的思想彼此应和，丝丝入扣，以彰显中国儒家思想的普世性和先进性。这两种译思的碰撞，是中国典籍外译过程中最具代表性的译者主体性的体现，至今还在汉学界广为流传，不分高下。

第二编"如何用译本讲故事：古典小说英译比较"，作者是北京林业大学外语学院的卢晓敏老师，她也是本丛书第一部作品《中国典籍英译析读》小说篇的编撰者。本编分两章，分别对《红楼梦》和《西游记》这两部古典名著的译本做了对比研究，梳理了其英译史，从底本选择、书名翻译、文化负载词、语言风格等方面做了细致的对比分析。第一章"假作真时真亦假：杨宪益与霍克斯笔下的《红楼梦》译本比较"，集中对比了杨宪益、戴乃迭伉俪译本和霍克斯、闵福德翁婿这两个代表性译本，前者以忠实直译著称，是国内经典译本；后者以意译驰名，在海外流传更广。翻译风格的差异造成了中外读者和研究者对这部典籍的接受度迥然不同，也给读者根据自身阅读需求作出选择的空间。第二章"译者的朝圣之旅：詹纳尔与余国藩的《西游记》译本比较"，对于这部亦庄亦谐的神话小说的两个英译本的译者做了详尽的介绍。余国藩在翻译过程中展现出严谨缜密的研究思路，考证详尽，注释繁多；詹纳尔则以为目标读者再现原作阅读的愉悦为己任，尽显原作中的风趣幽默、插科打诨。译者以各自的知识背景和翻译意图，侧重于《西游记》不同的审美视角，造就了相辅相成的阅读体验。

第三编是本系列丛书中的新增体裁——中国古典戏剧的英译对比研究。本编分为三章，对三部脍炙人口的戏曲剧本的英译本做了对比研究。广州大学外国语学院的曾超老师撰写了第一章"姹紫嫣红开遍：白之与汪榕培

《牡丹亭》译本比较"和第三章"晓来谁染霜林醉：奚如谷、伊维德与许渊冲《西厢记》译本比较"；北京林业大学外语学院的郭陶老师撰写了第二章"女性悲剧的换位诉说：杨宪益与时钟雯《窦娥冤》译本比较"。这三个剧本以情节曲折离奇、措辞婉转优美而闻名，唱词和念白援引了大量诗词歌赋、掌故逸闻，嵌入巧妙的文字游戏、谐音暗语，让中外译者在英译过程中煞费苦心，从曲牌名和人名翻译，到文字风格和内在含义，极力做到译文的精练、准确、流畅、典雅，带着跨语言、跨文化的镣铐应和着古典戏剧在英语场上翩翩起舞。译者在翻译风格上的抉择，直译还是意译、异化还是归化、"宁信而不顺"还是"得意而忘形"，直接反映了译者主体性在中国典籍英译中的典型体现。

本系列丛书的第一部已经在高校课堂作为翻译教材使用，本书作为第二部则偏向研究和学术性，进一步探索了翻译实践的多样性以及翻译研究的广度与深度。做翻译没有最好，只有更好。译本比较有利于翻译研究者和学习者拓宽视野、博闻广识，领略经典文本在移植到另一种语言中的得与失。因此，本书的目标读者是高校从事翻译学习和研究的教学者、研究者，以及所有喜欢鉴赏中国典籍英译的翻译爱好者。本书的出版得到北京林业大学中央高校基本科研业务费专项资金资助（RW2015-10），是教育部新文科研究与改革实践项目"产出导向与持续质量改进模式下的新文科外语类课程体系和教材体系建设与实践研究"（项目编号：2021070015）的阶级性成果。知识产权出版社的编辑陈晶晶、江宜玲女士为本书的出版付出了很多心血，特此致谢。鉴于中国典籍英译文本众多，异彩纷呈，本书管窥蠡测，难免挂一漏万，敬请读者批评指正。

编者

2023 年 5 月

目录

第一编 中西译思的碰撞：理雅各与辜鸿铭《中庸》译本比较 / 1
  一、研究背景 / 3
  二、文献综述 / 5
  三、理雅各和辜鸿铭的译者主体性 / 12
  四、理氏和辜氏的译者主体性在《中庸》译本中的体现 / 26
  五、结论 / 46

第二编 如何用译本讲故事：古典小说英译比较 / 53
 第一章 假作真时真亦假：杨宪益与霍克斯笔下的《红楼梦》
    译本比较 / 55
   一、《红楼梦》概述 / 55
   二、《红楼梦》英译简介 / 56
   三、译本对比 / 60
   四、译本对比总结 / 80
 第二章 译者的朝圣之旅：詹纳尔与余国藩《西游记》译本比较 / 83
   一、《西游记》概述 / 83
   二、《西游记》英译简介 / 84
   三、译本对比 / 86
   四、译本对比总结 / 107

第三编　梨园竞秀：古典戏剧英译比较 / 111

第一章　姹紫嫣红开遍：白之与汪榕培《牡丹亭》译本比较 / 113
　　一、《牡丹亭》概述 / 113
　　二、译者背景 / 115
　　三、译本对比 / 117
　　四、译本对比总结 / 133

第二章　女性悲剧的换位诉说：杨宪益与时钟雯《窦娥冤》译本比较 / 136
　　一、《窦娥冤》概述 / 136
　　二、译者背景 / 137
　　三、译本对比 / 138
　　四、译本对比总结 / 147

第三章　晓来谁染霜林醉：奚如谷、伊维德与许渊冲《西厢记》译本比较 / 149
　　一、《西厢记》概述 / 149
　　二、译者背景 / 156
　　三、译本对比 / 158
　　四、译本对比总结 / 173

第一编

中西译思的碰撞:理雅各与辜鸿铭《中庸》译本比较

一、研究背景

"四书五经"是中华典籍的重要组成部分，在中国文化外译过程中最常被作为翻译和研究对象。早在明清时期，来华的外国传教士和汉学家把《诗经》《易经》《论语》《道德经》等中国古代文化典籍移译成多种文字传到欧美，成为西方了解中国思想的重要源泉。随着中外文化交流日益增多，中国译者也加入典籍外译的行列，至今已有数以百计的译本传世。在译介这些典籍的过程中，译者们所提供的解读和措辞各具特色，成为比较研究的典范。本篇通过《中庸》的译介来分析译者主体性在典籍英译中的体现。

《中庸》是儒家经典"四书"之一，用词简练，哲学意味浓厚。它原为《礼记》中的一篇，据传作者是孔子嫡孙孔伋（字子思），是"子思子忧道学之失其传而作也"[1]。南宋理学大儒朱熹（1130—1200）将其抽出独立成篇，作《中庸章句》，与《大学》《论语》《孟子》合称为"四书"。全书可分为四部分，共三十三章，三千五百余字，较为精练地反映了儒家思想的精华。

《中庸》的核心是："中者，无过无不及之名也。庸，平常也。"[2]该书通过引用孔子与《诗经》中的话语，围绕"中""和"二字展开论述。第一章为第一部分，指出全书要义："天命之谓性，率性之谓道，修道之谓教"，阐明如何修得中和之道。"天命之谓性"就是指"中"，"喜怒哀乐之未发，谓之中"，中正平淡是天道本性；"率性之谓道"是指"和"，"发而皆中节，

---

[1][2] 朱熹.四书章句集注[M].北京：中华书局，1983：17.

谓之和"，事物的变化引发情绪，人对心境进行调整后达到的平衡状态即为平和；"修道之谓教"，指修行中和之道就是教化。

第二章至第十一章为第二部分，作者通过对舜、颜回、子路的描述表达出"智""仁""勇"这"三达德"，将其作为入道之门。第十二章至第二十章是第三部分，通过杂引孔子之言阐明"道不可离"，所以君子诚明慎独。第二十一章至第三十三章为第四部分，围绕"诚"与"诚之"展开，说明人非圣贤，并不能生来就达到真实无妄的境界，但是人可以通过修行，"择善而固执之"，将自己提升到接近天道的境界。全书"辞约而旨丰，事近而寓远"，精练地论述了儒家修身养性的缘起、途径和意义。

译介《中庸》的中外学者名家众多，从古至今有西方汉学家理雅各（James Legge，1815—1897）、修中诚（Ernest Richard Hughes，1883—1956）、庞德（Ezra Pound，1885—1972）、郝大维（David L. Hall，1937—2001）、安乐哲（Roger T. Ames，1947—）等，华裔译者有辜鸿铭（1857—1928）、陈荣捷（1901—1994）等。其中，理雅各和辜鸿铭的译本最具有代表性。

理雅各是英国维多利亚时期的一位基督教传教士。1843年，他在伦敦传道会的支持下来到中国香港传教，并开办英华书院，准备在中国培养更多基督教传教士。他认为了解中国人的唯一方法是读懂中国的典籍，于是立志学习、翻译这些经典，并将译文提供给其他传教士学习，从而使他们也能更好地了解中国人的价值观和精神信仰。为完成这一工作，他倾尽二十多年的心血，对中国的"四书五经"等主要典籍进行了英译。其中，《中庸》译本位于他在1861年出版的译著《中国经典：译本及评释、学术绪论和索引》（*The Chinese Classics with a Translation, Critical and Exegetical Notes, Prolegomena, and Copious Indexes*，简称《中国经典》）第一卷第三部分。理氏采用译注式翻译，通过查找中国经学对于《中庸》的各种解读，力求展示出原文中每一个字的意思，成为学术型翻译的经典之作。

辜鸿铭是近代中国最早独立英译儒家经典的代表人物之一。他生于马来西亚，十岁随养父英国人布朗进入英国，受地道的英国式教育，之后在柏林大学、爱丁堡大学等名校学习，学成后回到中国。他的《中庸》译本（*The Universal Order or Conduct of Life*）出版于1906年，晚于理氏译本近半个世纪。不同于理氏的是，辜鸿铭的翻译初衷是向西方传播儒家思想，宣扬中国传统文化的优越性和先见之明。他想让西方人知道中国也有高度发展的文明，它甚至比西方现代文明更为高尚，更符合人道主义理想。他厌恶当时历史背景下西方人滥用现代文明的利器四处掠夺，他甚至认为只有中国的儒家文明才可以将欧洲从战乱的泥潭中拯救出来。为了让西方人理解中国哲学与西方哲学的共通之处，他在译文中大量运用西方哲学术语，并在译文注释中援引西方哲人名句、文化典故，以期用归化法（domestication）让西方读者更好理解中国儒家哲学的微言大义。

辜鸿铭倾注心血翻译的这部儒经，是对儒家思想的现代再现与重新阐释，折射出他对这部经书的看重，并借此来表明他对儒家哲思的理解与传承。理氏对于中国典籍的英译是西方学人译介中国文化的极佳案例，而辜氏是站在中国文化立场上，以中西比较的方式在英语文化中呈现中国哲学思想。对两位译者及其译本的研究有利于探究译者的主体性因素对于翻译活动的影响。

近年来，人们对这两个译本的研究多以多元系统和后殖民主义视角进行，而本编将从翻译主体性中的译者主体性角度出发，对两位译者的翻译活动进行描述性对比分析，以呈现两位翻译家的作品背后不同的主观缘由，就不同的译者身份来分析主体因素对于翻译活动的影响。

二、文献综述

2.1 译者主体性相关研究

在翻译史上相当长的一段时期里，学界重点探讨的是翻译的标准和技巧。无论是中国学者严复提出的"信、达、雅"说、傅雷的"神似"论、钱锺书的"化境"说，还是西方的直译与意译、异化与归化、功能对等的探讨，都是从语言本身的角度探索译文与原文的关系，而译者的角色一直受到忽略。到了20世纪70年代，翻译理论界的"文化转向"为译学研究开辟了新视角。译者主体性开始慢慢受到研究者的关注。

20世纪70年代的西方译界出现了功能翻译理论。它摆脱了传统的对等、转换等语言学翻译方法，运用功能和交际方法来分析、研究翻译。紧接着出现的是以色列学者伊塔马·埃文-佐哈（Itamar Even-Zohar,1939— ）提出的多元系统理论，强调翻译文学本身是一个系统，它的行为和演变应被置于一个由语言、文学、历史、文化、意识形态等元素组成的大系统中加以研究。西方的翻译研究由此出现了"文化转向"。

这一转变扩大了翻译研究的对象，拓展了翻译研究的范围。此后，学者开始考察赞助人、诗学、意识形态、权力话语及体制等因素对文学翻译的影响。以安德烈·勒菲弗尔（André Lefevere, 1945—1996）、苏姗·巴斯奈特（Susan Bassnett, 1945— ）为代表的操纵学派（Manipulation School），提出翻译的实质就是文化改写，也就是操纵，因而翻译体现更多的是译者的情况而不是所译作品的情况。随后兴起的后殖民主义翻译理论开始关注翻译在殖民化过程中所涉及的权力运作机制。译文最终所表现的意识形态、文学观念等都是通过译者体现的。翻译家对于文本的选择、他的翻译风格和策略等又反过来折射出他所处时代的社会文化状态。在这些理论中，翻译活动中译者的主观能动作用被凸显出来，从而使译者主体性成了翻译研究领域的新课题。

法国理论家安托万·贝尔曼（Antoine Berman）在《翻译批评论：约翰·邓恩》(*Pour une critique des traductions: John Donne*)一书中指出，翻译批评的重点应该放在"译者主体"上。他认为，翻译批评及其理论研究都应该以译者的主体性为基本出发点，从而去思考这样一个问题：译者是谁？译者主体性决定了译作的独立审美品格和译入语文化特征。译者的翻译动机、翻译立场及其所制订的翻译方案使译者成为翻译活动中最积极的因素。他说译者的立场一旦确立，他就为自己定了位置，所译出的"每一个字都成了一种誓言"❶，并提出了"走向译者"的口号。

从这些研究中，我们可以看出译者主体性作为翻译主体性之一对译者的翻译活动起着重要作用。译者主体性决定了译作的审美品格和译入语的文化特征。

---

❶ BERMAN A. Pour une critique des traductions : John Donne[M]. Paris : Gallimard, 1995 : 75.

1987年，杨武能在《翻译、接受与再创造的循环：文学翻译断想》[1]一文中提出，翻译家在整个文学翻译的创造性活动中处于中心枢纽地位，发挥着最积极的作用，首先强调了译者在翻译活动中的重要作用。

1992年，谢天振在《论文学翻译的创造性叛逆》[2]一文中提出了翻译文学不再是原来的外国文学，而应该属于译者所属国文学的一部分，对翻译家在所属国文学史上的地位及其在翻译活动中的主体性做了认定和承认。

1996年，袁莉在《也谈文学翻译之主体意识》[3]一文中对翻译主体的研究情况做了梳理。她以时间为线索，整理出从译者主体作用被忽略到"译者的抉择"被提出，最后到"译者摆布文本"观点的译者主体研究历程。几年后，她在《关于翻译主体研究的构想》一文中写道："事实上，当我们不再把对翻译的理解停留在字词的层面上，不再试图去寻找与原文本对等的影子，而是把翻译文本看作经过变形和改造，融入译者的主观审美意向和历史存在的一种自足的艺术创造产物时，立刻就意味着我们必须要面临关于翻译主体性和能动空间的提问。"[4]

1998年，许钧编纂论文集《翻译思考录》[5]，专门用了一个章节对翻译文学的地位、译者主体性及其翻译风格等问题进行了集中讨论。很明显，其讨论的核心对象就是译者，他从阐释学、接受美学、文化交流等角度切入，探讨了译者在翻译活动中的地位。

2003年，查明建、田雨[6]对译者主体性做了系统的阐释，他们认为译者在翻译这一跨文化交流活动中起着重要的纽带作用，应该将其从原文和原作

---

[1] 杨武能.阐释、接受与再创造的循环：文学翻译断想[J].中国翻译，1987（6）：3-6.

[2] 谢天振.论文学翻译的创造性叛逆[J].外国语（上海外国语学院学报），1992（1）：30-37.

[3] 袁莉.也谈文学翻译之主体意识[J].中国翻译，1996（3）：4-8.

[4] 袁莉.关于翻译主体研究的构想[M]//张柏然，许钧.面向二十一世纪的译学研究.北京：商务印书馆，2002：402.

[5] 许钧.翻译思考录[M].武汉：湖北教育出版社，1998.

[6] 查明建，田雨.论译者主体性：从译者文化地位的边缘化谈起[J].中国翻译，2003，24（1）：19-24.

者的束缚中解放出来，并且他们为"译者主体性"做了这样一个界定：译者主体性是指作为翻译主体的译者在尊重翻译对象的前提下，为实现翻译目的而在翻译活动中表现出的主观能动性。他们提出，所谓主体性是指主体的本质特性，通过主体的对象性活动表现出来。主体性最为突出的特征是能动性。但能动性的发挥并不是没有任何制约的，主体的对象性活动作用于客体，必然要受到客体的制约和限制，同时还受到客观条件的制约，因此，主体性同时还包含着受动性。主体性的另一个重要特征是为我性。它体现了主观能动性发挥的方向性和目的性。

对译者来说，他的对象性活动客体是原作，要完成翻译的任务，他要充分发挥自己的主观能动性。译者对象性活动的任务是将作品从译出语转化为译入语。译者的能动性体现在译者的性格、文化观念、语言文学水平，他的翻译手法、阐释风格等方面。译者的受动性体现在两种语言转换的客观规律、译者所处时代、教育背景等。译者的为我性则是译者翻译的方向性、目的性以及目标读者群。译者主体中的能动性、受动性和为我性辩证统一于译者的主体性之中。

本篇即以此理论为依据，对所选《中庸》译文文本做比较研究。

2.2 理雅各、辜鸿铭及其译本

学界对于理雅各的研究可追溯到20世纪初，伦敦宗教协会出版海伦·蔼蒂丝·理雅各（Helen Edith Legge）为父亲所写的传记《理雅各：传教士与学者》[1]，公开了理雅各在香港及牛津大学工作期间的大量书信，该书成为许多学者研究基督新教在中国传教历史的重要参考资料。

2002年，吉瑞德（Norman J. Girardot）出版专著《维多利亚时代中国古代经典英译：理雅各的东方朝圣之旅》[2]，系统介绍了理雅各在汉学学术上的成就。2004年，岳峰发表博士论文《架设东西方的桥梁——英国汉学家理雅

---

[1] LEGGE H E. James Legge: missionary and scholar[M]. London: The Religious Tract Society, 1905.

[2] GIRARDOT N J. The victorian translation of China: James Legge's oriental pilgrimage[M]. Oakland: University of California Press, 2002.

各研究》❶，系统研究了理雅各的生平以及学术成果，并指出晚年的理雅各已将中国文化与西方文化置于平等位置，开始以比较学的立场进行研究，填补了国内学术界对其研究的空白。

段怀清自2005年先后发表论文《理雅各〈中国经典〉翻译缘起及体例考略》❷《理雅各与儒家经典》❸和《理雅各与维多利亚时代的英国汉学——评吉瑞德教授的〈维多利亚时代中国古代经典英译：理雅各的东方朝圣之旅〉》❹，并在2011年出版译著《朝觐东方：理雅各评传》❺，梳理了理雅各的中国典籍英译和汉学研究成果，并从学术角度对理氏的《中国经典》内部结构进行了系统研究。

2017年，岳峰和余俊英在《理雅各翻译中国古经的宗教融合倾向》❻一文中通过研究理雅各对儒家经典核心概念的英译，探究了其个人思想、宗教理念以及所处社会历史境遇对其翻译活动造成的影响，从一个侧面反映出译者主体性对翻译活动的重大影响。

对于辜鸿铭的研究首先出现于《清史稿》(1928)。随后，其生前好友罗振玉（1866—1940）和赵凤昌（1856—1938）分别为之作传，对其才识多有肯定。20世纪末，随着学术思想的解放，学术理论逐渐多元化，辜鸿铭又重新走进学人的视野，学界出现了多部辜鸿铭的传记，包括黄兴涛的《文化怪杰辜鸿铭》(1995)、严光辉的《辜鸿铭传》(1996)、孔庆茂的《辜鸿铭评传》(1996)、姜克的《学贯中西 经世奇才——辜鸿铭传》(1997)，以及

---

❶ 岳峰.架设东西方的桥梁：英国汉学家理雅各研究[M].福州：福建人民出版社，2004.

❷ 段怀清.理雅各《中国经典》翻译缘起及体例考略[J].浙江大学学报（人文社会科学版），2005，35（3）：91-98.

❸ 段怀清.理雅各与儒家经典[J].孔子研究，2006（6）：52-63.

❹ 段怀清.理雅各与维多利亚时代的英国汉学：评吉瑞德教授的《维多利亚时代中国古代经典英译：理雅各的东方朝圣之旅》[J].国外社会科学，2006（1）：81-83.

❺ 吉瑞德.朝觐东方：理雅各评传[M].段怀清，周俐玲，译.桂林：广西师范大学出版社，2011.

❻ 岳峰，余俊英.理雅各翻译中国古经的宗教融合倾向[J].西安外国语大学学报，2017，25（2）：103-109.

李玉刚的《狂士怪杰——辜鸿铭别传》（2002）。其中，黄兴涛的《文化怪杰辜鸿铭》❶是国内第一本系统研究辜鸿铭的学术专著，书中的第三章从辜鸿铭英译儒经的起源和动机、具体所译儒经、儒经翻译的特点与得失、译经活动的总体评价四方面系统研究、分析了辜鸿铭的翻译活动及其翻译思想，并给予了客观积极的评价。该书对于本编研究辜鸿铭的译本有重要的借鉴作用。

2010年，田怡俊和包通法从"交互文化"理论角度研究了辜鸿铭的人生经历和所处文化背景对其翻译思想的影响，并从其《论语》和《中庸》译本的翻译标准、翻译目的和翻译策略三个方面探讨了辜鸿铭的翻译思想。他们认为，辜鸿铭在英译中国典籍时潜意识里宣扬"中西文化的融合"❷，在其翻译活动中实现了两种语言、文化的合作。

2016年，黄碧蓉在《"译"与"传"：辜鸿铭儒经翻译论》一文中从传播学的视角研究了辜鸿铭所译儒家经典在世界范围内的传播效果。她肯定了辜鸿铭的创造性翻译，称其在翻译中有一种"了然的哲学的注入"❸，以一种归化的翻译手法达到社会交流的目的，使得文本的核心译名与其整体核心思想达到一种内在统一。

一直以来，学者对于《中庸》英译本的研究以单独研究为主，较少从对比分析的角度进行探究。1904年，王国维在辜鸿铭译本出版后作文《书辜氏汤生英译〈中庸〉后》❹，指出其以"空虚广莫之语"译介儒学概念，以及解释过度、流于附会的问题。这是受当时译论背景的影响，对译本从忠实、对等的角度上所做的评判。但近年来，学者又从文化翻译、阐释学和后殖民主义等视角对《中庸》英译本再做研究。

21世纪初，王辉从文化的角度分别对两位译者的生平、思想和翻译做了深入剖析。他在2003年之后先后发表《理雅各与〈中国经典〉》《理雅各

---

❶ 黄兴涛. 文化怪杰辜鸿铭[M]. 北京：中华书局，1995.
❷ 田怡俊，包通法. 辜鸿铭译者文化身份与翻译思想初探[J]. 上海翻译，2010（1）：64.
❸ 黄碧蓉. "译"与"传"：辜鸿铭儒经翻译论[J]. 外语学刊，2016（3）：102-106.
❹ 王国维. 书辜氏汤生英译《中庸》后[J]. 学衡，1925（43）.

《中庸〉译本与传教士东方主义》《理雅各的儒教一神论》《理雅各英译儒经的特色与得失》《辜鸿铭英译儒经的文化用心——兼评王国维"书辜氏汤生英译〈中庸〉后"》《后殖民视域下的辜鸿铭〈中庸〉译本》等文章。他指出理雅各的儒经英译是一个基督教信仰者对于儒家思想的一种审判，而辜鸿铭的译文虽然在文化概念上好比附，却是一个文化保守主义者的难能可贵之举。❶

2012年，山东大学的乔飞鸟在其硕士学位论文中从跨文化比较研究和史学角度对《中庸》理雅各、辜鸿铭和陈荣捷三人的英译本进行了比较研究，分别从文本所含核心思想的翻译、文化内涵的理解以及译介程度和传播效果研究了各译本特色。他还从译者的翻译动机和策略出发，探讨了各译本特色的背后成因。❷

2013年，重庆大学的钱艳在其硕士学位论文中以文化过滤视角对辜鸿铭和理雅各的英译本进行了比较研究。她研究了两位译者在翻译活动中采取的删减、添加、意译等形式和内容上再创造的翻译手法，并探究了译者的个人文化身份对于翻译活动的影响。❸

2014年，湖南师范大学的宋晓春在其博士学位论文中以阐释人类学视角对辜鸿铭、庞德、安乐哲、浦安迪和迦达纳的《中庸》英译本进行了研究。他重点探究了各译本中的深度翻译现象和成因，深入阐释了各译本对原文哲学思想的阐释性翻译的方法和路径。❹

综上所述，关于理雅各和辜鸿铭这两位译者对《中庸》的英译对比研究，是翻译界和文化对比界一个值得长久关注的典型译例，是译者自主性最生动的体现。两人的生活经历、教育背景、思想信仰、语言功底，尤其是他们各自的翻译目的和译介理念，给他们的译文打上了鲜明的个人烙印。本编将英国传教士理雅各和中国文化怪杰辜鸿铭置于译者主体性的视角下，从译

---

❶ 王辉.辜鸿铭英译儒经的文化用心：兼评王国维"书辜氏汤生英译《中庸》后"[J].外国语言文学，2006（3）：186–191.

❷ 乔飞鸟.《中庸》英译本比较研究：以理雅各、辜鸿铭、陈荣捷译本为例[D].济南：山东大学，2012.

❸ 钱艳.文化过滤视角下《中庸》两英译本比较研究[D].重庆：重庆大学，2013.

❹ 宋晓春.阐释人类学视阈下的《中庸》英译研究[D].长沙：湖南师范大学，2014.

者能动性、译者受动性、译者为我性三个方面进行分析，并用他们各自的《中庸》译文来论证译者主体性对翻译实践的深刻影响。

三、理雅各和辜鸿铭的译者主体性

1832年，伊本内泽·理雅各（Ebenezer Legge）带着两个儿子来到妻子坟前，欣慰地告诉她，大儿子乔治已完成她的遗愿，将成为一名牧师终身侍奉主。他也提出了自己的希望，那就是十七岁的小儿子将来也能成为一名传教士。这位伊本内泽·理雅各就是理雅各的父亲，乔治是理雅各的哥哥。❶

1869年，福布斯·布朗（Forbes S. Brown）在他的德国寓所中教一个十三岁的中国孩子读《浮士德》，并告诉他："我在你这年岁，我父亲逼迫我背莎士比亚作品。我勉强背会几句，可睡一觉，第二天醒来，全都忘了。后来我做了商人，但因为不能按照父亲的期望做一个世界上著名的学者，我感到十分痛心。好孩子，凭你的聪明，将来你一定能成为世界上著名的学者，给东西文化建筑一座最伟大的桥梁。"❷这个孩子就是辜鸿铭，而福布斯·布朗则是他的义父。

理雅各与辜鸿铭出生于不同的时代与家庭，生活于不同的环境，但他们的一生都与中国文化紧密相连，成为文化史上两位著名的翻译家。译者主体性对译者的翻译活动有决定性作用，了解理雅各与辜鸿铭的译者主体性能使我们更好地分析其翻译活动。下文将从译者能动性、译者受动性和译者为我性三个方面进行分析。

3.1 译者能动性

译者能动性是译者主体性最为突出的特征，它植根于译者的个人性格、文化观和语言文学能力等方面，最终体现于译本的翻译策略、阐释风格等方面。

---

❶ 吉瑞德.朝觐东方：理雅各评传[M].段怀清，周俐玲，译.桂林：广西师范大学出版社，2011：14.

❷ 兆文钧.辜鸿铭先生对我讲述的往事[M]//《文史资料选辑》编辑部.文史资料选辑：第八辑.北京：中国文史出版社，1986：175.

3.1.1 理氏和辜氏的性格

理雅各与辜鸿铭都在青年时期显示出超强的学习能力，他们凭借非凡的勇气和毅力选择了自己的人生方向。理雅各在英国阿伯丁的国王学院毕业之后曾被学校授予该校的一个人文讲席，但是他坚持心中的理想，选择了追随哥哥去闯荡更广阔的世界，去伦敦，去所有召唤他前往的异教徒之地。1843年到达香港之后，理雅各身兼数职。他既要在教会布道，也要外出传福音、宣教和访问。为了研习中国古典文化，"他养成了凌晨三点起床的习惯"❶。

这样的毅力同样存在于辜鸿铭身上。辜鸿铭1869年到达欧洲时，首先跟着义父学习外文，打语言基础。在学习德文和英文过程中，他背熟了歌德的《浮士德》、三十七本莎士比亚的戏剧以及卡莱尔著的《法国革命史》(*The French Revolution: A History*)，然后进入爱丁堡大学攻读文学硕士。1883年，他回到中国之后，又完全投入自己毫无了解的中国文学之中，几十年潜心学习中国文化，在1914年完成《春秋大义》(又名《中国人的精神》)一书。这样大的学习强度，若没有坚韧的毅力，并不容易坚持。

但两人性格中差异较大的部分在于理雅各谦逊平和，而辜鸿铭偏执好强。理雅各平和的性格与他"至为温顺"的兄长乔治不无关系。他从小视兄长为人生楷模，与他一同信奉福音主义，在亚洲传教期间也与他保持通信。他始终忠于自己的宗教，对身边的人施以宽容和关爱。他自然朴素，晚年进入牛津大学任职之后也没有像麦克斯·缪勒（Max Müller，1823—1900）那样加入各种应酬、聚会中。他从"没有表现出学术傲慢、愤世嫉俗或悲观厌世的态度"❷。他晚年时的朋友曾对他做这样的描述："一个令人着迷的老头。在他体验过各种经历的漫长生活之后，他依然如一个孩子般纯真。"❸

辜鸿铭的生命轨迹和个人性情与理雅各截然不同。19世纪80年代初，

---

❶ LEGGE H E. James Legge : missionary and scholar[M]. London : The Religious Tract Society，1905：229.

❷ 吉瑞德. 朝觐东方：理雅各评传[M].段怀清，周俐玲，译.桂林：广西师范大学出版社，2011：140.

❸ LEGGE H E. James Legge : missionary and scholar[M]. London : The Religious Tract Society，1905：205.

辜鸿铭从新加坡到香港学习中文，并开始以一种"文化斗士"的姿态发文批评西方汉学家的片面和虚妄。他努力用自己所学的中西文化知识维护中国的道德和政治立场。到了后期，他对中国文化更是显示出一种极端保守的倾向，一味肯定中国人纳妾、裹小脚，甚至随地吐痰的行为。他本人在清帝退位后坚持留辫不剪，还一度加入张勋的复辟活动。这些与时代潮流逆向而行的言辞和举措，让他成为民国时期最为著名的文化保守主义者，引起国内外人士的兴趣与争议。

理氏和辜氏在文化取向和个人性格上的不同直接影响了他们的翻译活动，前者的翻译追求文字意义上的忠实、译本内容的翔实可考，而后者的译文追求在文字内涵上攫住读者的注意力，旁征博引，积极以西方文化来论证中国儒家思想的正确和高明。

3.1.2 理氏和辜氏的文化观

翻译是语言间的转化，更是一种文化的转换。译者对于两种文化的态度将直接影响他的译文活动。总体来说，理氏和辜氏对于中西文化的态度很不相同。前者是一名忠实的基督教徒，他坚信包括中国思想在内世上所有的思想都不可能比"神的旨意"高明。他不可能跳出自己信仰中的教条，去平心静气地接受另一种不同的人性观。这种狭隘的基督教中心主义在他置于《中庸》译文之前的学术绪论中显现无遗。他说："子思极大地助长了中国人的骄傲。他将他们的圣人置于上帝之上，加以膜拜，让中国人以为，有了这些圣人，他们无须向外寻求救赎。可以说，《中庸》是基督教的敌人。在不久的将来，等到基督教风行中国，中国人回头看《中庸》，会惊讶地发现，他们的祖先单凭自己的智慧，既不认识上帝，也无自知之明。"❶

但值得一提的是，理雅各在1870年解除与伦敦传道会之间的关系之后，对于中国儒家的态度大有转变。在经历了中国不同的思想理念和伦敦传道会对他文化研究事业的漠然之后，他对于孔子学说和中国思想有了新的理解。他意识到："即使没有《新约》和《旧约》中所提供的那些神圣知识，中国古代人也已同样意识到'真正的上帝'，并且已经实践了类似于基督教法则

---

❶ LEGGE J. The chinese classics with a translation, critical and exegetical notes prolegomena, and copious indexes[M]. Oxford: Clarendon Press, 1893: 55.

的道德。"❶ 在离开中国之前的旅行中,他特意拜访了孔子的故乡曲阜,并在心中将孔夫子的伟大与拿破仑作比。他还登上了北京的天坛,与其他游客们手牵手赤足环绕环形塔壁,一起唱起了基督教的赞美诗。这些举动都体现着理雅各内心重大的改变,之前对于中国文化的敌对态度被认同和崇敬所取代。

辜氏对于中西方文化的态度则是立场鲜明,贬西扬中,极力推崇中国传统伦理思想的至高无上。他认为西方文明(文艺复兴之后的近现代文明)在根本上只是一种追逐外部物质的文明,而中国的儒家文明是一种精神或心灵的文明,是一种道德的文明。❷ 他说:"近代欧洲的理想是进步、进步、再进步,它们所谓的进步就是尽量提高物质生活水准,而后者的理想则是纯朴的生活,追求人的道德和心灵的发展。""欧洲人所以就范于秩序,主要依靠对上帝神灵和法律的畏惧",即"害怕世间的皮鞭、警棍和死后阴间的地狱炼火"。❸ 这并不是一种纯粹的、真正的道德力量。

在辜鸿铭看来,要把中国从西方暴力的包围中解救出来,不是效仿西方发展科学和枪炮,不是通过将中国全部或部分西方化,而是应该使中国更加中国化,应该用中华传统文明中的道德力量去对付西方的坚船利炮。在《中国牛津运动故事》一书中,他写道:"制止一种社会和政治罪恶,以及改革世界之儒教办法,是通过一种自尊和正直诚实的生活,赢得一种道德力量,孔子说:'君子笃恭而天下平。'我以为,这就是力量,这就是中华民族唯一可依靠的力量,要想将其古老的文明从现代欧洲民族的物质实利主义文明之破坏力中挽救出来,最好的办法就存在于这种古老的文明之中。"❹ 因为在他心中,中国文明远远优于西方文明,对于西方列强的武力威胁,中国人应该毫无畏惧。1920年,辜鸿铭在重庆接受英国作家毛姆(William Somerset Maugham,1874—1965)拜访时说:"你们凭什么说你们比我们好呢?我们

---

❶ 吉瑞德.朝觐东方:理雅各评传[M].段怀清,周俐玲,译.桂林:广西师范大学出版社,2011:57.

❷ 黄兴涛.旷世怪杰:名人笔下的辜鸿铭,辜鸿铭笔下的名人[M].上海:东方出版中心,1998:185.

❸ 辜鸿铭.辜鸿铭文集:上[M].黄兴涛,等译.海口:海南出版社,1996:174.

❹ 黄兴涛.文化怪杰辜鸿铭[M].北京:中华书局,1995:50.

的思想家不及你们的深奥吗？我们的文化不及你们的精巧、不及你们的繁复、不及你们的细微吗？嗟，当你们穴居野处茹毛饮血的时候，我们已经是进化的人类了。"❶

译者对两种文化的不同理解直接渗透到他们对原文本的理解与阐释中，对于各自翻译的立场和动机无疑起到了重要作用。理雅各的《中国经典》前言中时时闪现《圣经》中的用语，仿佛译者在以上帝的名义对儒家经典进行检视，从而凸显出基督教上帝的伟大。而在辜鸿铭的《中庸》译本中，众多西方哲人和作家的话语和著作被用来阐释典籍中的思想内涵，仿佛典籍中的内涵高于一切西方哲学思想的存在。两位译者对中西文化所持的态度，在翻译《中庸》这部中国儒家经典中显露无遗。

3.1.3 理氏和辜氏的语言文学能力

译者的语言文学能力直接影响整个翻译活动的效果。从对原文的理解到译文的输出整个过程都需要译者的语言文学能力做支撑。《中庸》本身既是一部哲学典籍，也是一部文学著作。英译这样的一部作品对于译者的中英文学能力无疑是一种巨大的挑战。它要求译者理解原文语言背后的含义，并找到与之对等的英文表达，以使英文读者理解原文的意义。

从遣词造句的角度来说，笔者认为，辜鸿铭的语言水平具有更强的文学性。早年留学欧洲期间，辜氏背熟了莎士比亚的三十七部戏剧和歌德的《浮士德》，并在1873年顺利进入爱丁堡大学，以卡莱尔为导师攻读文学硕士。回国之后，他更与中西方文学家交往频繁，曾受到托尔斯泰、毛姆等大作家的赞赏。与其说辜鸿铭是一位翻译家，不如说他是一位文学家，翻译并不是他的终极目标，他旨在以文学的形式让西方人了解中国的思想文化。

理雅各自小就显现出出众的语言学习能力。在教区学校拉丁语班学习时，他就能快速背诵赞美诗和问答集，并能在拉丁语和英语之间进行纯熟快速的转换。他曾专注于乔治·布坎南（George Buchanan，1506—1582）的历史著作，尝试将其英文本回译成拉丁文，然后与原文进行对照。他说："用这种方式，我已经为用拉丁文写作做好了准备。对我来说，用拉丁文

---

❶ 黄兴涛. 旷世怪杰：名人笔下的辜鸿铭，辜鸿铭笔下的名人 [M]. 上海：东方出版中心，1998：282.

起草一封信函，要比用英文起草还容易一些。"在海伯里神学院（Highbury Theological Seminary）学习期间，他继续学习拉丁语，并且开始学习希腊语以及希伯来语，为开启自己的传教事业做准备。应该说，理雅各学习语言更多是为了服务宗教，并没有将特别的注意力放在培养英语文学能力上。另外，在神学院学习《新约》期间，他开始学习"评注解经的原则和批评方法"❶，更是将重点转向了文献的研究方法上。从这些方面，笔者认为，理雅各对文字的关注，更多地集中于语言本身以及文献学知识上，从而使得他的《中庸》译本有着严谨的哲学性，而文学性不如辜鸿铭的译本丰富多彩。

当然，从成文的时间来讲，辜氏译本比理氏译本出版晚将近半个世纪。在1861年的译本里，理雅各的语言以古雅深邃见长，具有19世纪英语特色；而出版于1906年的辜氏译本，用词要更为简洁现代。对现代普通读者来说，辜鸿铭译本的可读性要更强一些。

3.2　译者受动性

每个人都会受到自身的人生经历、时代背景、教育模式的影响，译者也不例外。从外部环境来分析译者对翻译理念和风格的选择，可以发现所谓的主动性其实带有很强的可塑性，译者本人不可避免地受到外界因素的影响。理雅各和辜鸿铭也是如此。对这些因素的分析，可以加深读者对他们译作的理解，也让研究者们对译作的思想立场和语言选择有更为客观的判断。

3.2.1　理氏和辜氏人生经历

理雅各1815年出生于苏格兰一个有着浓重宗教传统的小镇汉德利，父亲是一个成功的衣料商。理雅各从小接受严苛的宗教训练，跟随苏格兰传教会信奉福音主义。他十二岁进入汉德利郊区学校的拉丁语班，并在拉丁文与英文互译上显出出众的才华。他十四岁进入阿伯丁语法学校，并在十五岁时赢得一等奖学金，升入阿伯丁国王学院。他轻易地在古典语言、数学、哲学等课程上取得惊人的好成绩，并在毕业前赢得了学校的最高学术奖项——哈

---

❶ 吉瑞德. 朝觐东方：理雅各评传 [M]. 段怀清，周俐玲，译. 桂林：广西师范大学出版社，2011：17.

顿奖。毕业后的理雅各曾短暂地从事数学教师的职业，之后听从自己的内心，辞职前往伦敦。

1837年，他进入圣公会的海伯里神学院，通过刻苦学习加入了伦敦传道会，成了一名准备被派遣到海外的圣公会传教士。1839年，他开始亚洲的传教生涯，先在新加坡马六甲英华书院任职，在香港成为英国殖民地之后又将书院迁至香港。

在香港任职的1843年至1865年，他一边从事伦敦传道会的布道传教工作，一边潜心专研中国古典文化，陆续翻译儒家典籍，并出版《中国经典》前三卷。1870年，他再次从英国回到香港，但因为思想上的分歧与伦敦传道会解除了合作关系。这一年，他出版了《中国经典》的第四卷和第五卷。

1873年，理雅各正式离开香港，结束了自己的传教士生涯回到家乡。此时的理雅各已在欧洲声名大噪，其学术成就获得了学界的肯定。1876年，他出任牛津大学中文教授，继续研究中国文化，承译部分由麦克斯·缪勒主编的"东方圣典丛书"(The Sacred Books of the East)，并陆续出版儒家、道家和佛家的典籍译作，包括《佛国记》(A Record of Buddhistic Kingdoms, 1886)、《道家文本》(The Texts of Taoism, 1891)、《儒家文本》(The Texts of Confucianism, 1891)等。1897年，理雅各突染重疾，在11月29日病逝。

辜鸿铭1857年出生于马来西亚槟榔屿的一个华侨世家，父亲以经商垦殖为业，帮英国人福布斯·布朗经营橡胶园。辜鸿铭从小受西方教育，曾在槟榔屿的英国王子中心学校学习英语。他十三岁那年由布朗夫妇带往英国，开始了他为期十一年的欧洲学习之旅。他先跟着义父布朗学习，背熟了《浮士德》、莎士比亚戏剧以及《法国革命史》。1873年，他考入英国爱丁堡大学，四年后获得文学硕士，时年二十一岁。此后他曾到德国某工学院进修，获工科文凭，接着在法国巴黎、意大利等地游学。1880年二十四岁时，他返回槟榔屿，被派往新加坡海峡殖民地政府任职。

三年之后，辜鸿铭在新加坡遇到马建忠，两人用法语进行了三日畅谈。在这之后，辜鸿铭的人生观和生活方式发生了急剧转变。他先是辞去了新加坡的职位，开始蓄辫改穿中国服装，然后到香港学习中文，开始作文批评西方汉学。1885年，他进入两广总督张之洞幕府，被聘为督衙外务部洋文案,以间接的形式参与了中国的外交。在之后任职的二十多年间,他多次发文评论中国乃至世界政局,并出版《论语》(译著)、《尊王篇》《中国牛津运动故事》。1910年,他辞去外务部职,先后担任上海南洋公学监督、北京四国银行团翻译,并在1915年被北京大学聘为教授,讲授英诗和拉丁语等课程,先后出版《春秋大义》(又名《中国人的精神》)以及《呐喊》。1924年至1927年,他频频受邀赴日本讲学。1928年,辜鸿铭因肺炎病逝于北京,废帝溥仪赏银治丧。

3.2.2 理氏和辜氏所处时代背景

理雅各所处的时代是英国的维多利亚时期,工业和经济水平处于世界之巅,大英帝国实力达到顶峰。随着英国殖民地在世界范围内逐渐扩大,他们的军队也进驻了中国的香港岛。理雅各就是在这样的条件之下得以将新加坡的英华书院迁至香港,开始向中国"异教徒"传播福音。英国经济和政治在世界上的优势使得来华的商人、士兵、传教士心中都带有优越感。他们相信自己的文化必将征服奄奄一息的中国。这样的势头确实使早期的理雅各对中国的传教事业充满信心,他以"家长式的自信"教导着从马六甲开始就一直跟随着他的三个华人少年——吴文秀、李剑麟和宋佛俭,甚至在1845年回英国短暂疗养期间将他们带到了伦敦,在女王面前展示了这些皈化者。

同样的自信也存在于其他的英国基督教徒身上。他们在意识到中国的不同之后,对中国文化所表现出的不是平等的尊重,而是一种绝对的否定。在1861年版《中国经典》出版之前,伦敦传道会的董事们对理氏的译著立场施加了压力,"董事们急于想弄清楚,孔夫子的那些与基督教真理相左的观点、情感,(理雅各)是否会在翻译过程中使用一些注释来予以驳斥、说明,以便读者们能够明辨是非"。❶ 在1861年版的《中国经典》出版之后,有许多传教士越来越怀疑,理雅各的工作更有助于在欧洲人当中传播来自东方的"伟大故事",而不是促使中国人基督教化。理氏个人虽然在专研中国经典时对中国的传统看法有了逐渐的改观,开始从比较学的角度分析中国文化,但是在整个传教士世界中,这样的改观是不被认可的。在这样的背景之下,我

---

❶ 吉瑞德.朝觐东方:理雅各评传[M].段怀清,周俐玲,译.桂林:广西师范大学出版社,2011:53.

们很容易理解为什么1893年修订的《中国经典》较1861年版的译者态度鲜有改变。纵使这样，1893年修订版的《中庸》仍被看成这样一种儒家经典：它令人遗憾地"赞美着圣贤，并将其抬举到比上帝还要高的位置"❶。

值得一提的是，在维多利亚时代，有些学者面临着"因为仅仅作为译者而被解除学者之名的危险"，因此理雅各通过孜孜不倦地对译文做详细的评议性注释，才使翻译具有永久价值，才能为随后的百年提供点值得留存的思想和文字。如此看来，理雅各对翻译方法的选择实际上还体现出一种对于维多利亚时代的知识产品持续性的敏感，他做的不仅是译介，还是对中国经典研究史的追溯、分析和评述。

辜鸿铭的译介之路则带有鲜明的民族主义救亡图存意愿。19世纪的中国处于历史转折期，在遭受了两次鸦片战争的沉重打击之后，封建统治者开始了以自救为目的的洋务运动。辜鸿铭正是在这个时候与李鸿章的助手马建忠结识。在两人三日倾谈之后，辜鸿铭毅然从欧洲回到风雨飘摇的祖国。1895年，中日甲午战争中中国战败，中华民族面临严重的民族危机。1900年，八国联军侵华战争爆发，中国战败，清王朝日益腐朽，帝国主义侵略进一步加深，迫使中国知识分子急切地思考和寻找国家与民族的出路。

辜鸿铭在1883年回国，两年后入张之洞幕府。张之洞在旧学方面造诣深厚，认为"致用"须以"通经"为前提，幕府中也聚集了不少旧式保守的文人学者，如梁鼎芬、沈曾植、罗振玉、梁敦彦等。辜鸿铭对儒家文化的认识和学习很大程度上受到了他们的影响。他们从道义上捍卫本国传统文化，认为反抗武力枪炮的最好方式是通过宣扬中国的道德文化，昭示西人的野蛮、残暴。辜鸿铭耳濡目染，在自己的学术生涯和翻译事业中继承了这些国学保守派们的观点，以民族文化为中心，与西方中心主义针锋相对，用欧美现代文明的文史哲思潮，来佐证两千年来中国奉行的儒家思想才是为天地立心、为生民立命、为往圣继绝学、为万世开太平的微言大义。

---

❶ 吉瑞德.朝觐东方：理雅各评传[M].段怀清，周俐玲，译.桂林：广西师范大学出版社，2011：369.

3.2.3 理氏和辜氏所受教育背景

出身于虔诚基督教家庭的理雅各，从小就接受严格的宗教训练。他严守自己所属教会的惯例，每周都保持对家庭活动的热忱，并且不在安息日做任何出于娱乐目的的举动。他早年在教区学校学习，擅长拉丁文翻译，后进入国王学院，学习化学、数学、哲学。这些学习经验对于理雅各学识上的增长起到了一定作用，但真正对他的思想起到决定性影响的，还是他1837年所进入的伦敦圣公会海伯里神学院。

在那里，他为了成为一名圣公会传教士而学习，成了一名真正的基督教传教士。基督教徒坚信，人与世界都由上帝创造，人人生而带有原罪。只有听从《圣经》里的话、遵从上帝旨意的人才可以得救，能在末日审判之时进入天堂，与神在一起，获得永生。他们认为这是认识世界的真理，教徒应该将福音传给他人，让更多的人认识上帝，从而从自身的罪孽中得救。理雅各用两年的时间学完了神学院四年的课程，之后通过考试，被伦敦传道会远派海外。

辜鸿铭生于马来西亚，从小受西方教育，并赴欧洲留学，回到中国后开始自学中国文化，确定了一生治学的方向，即向世界传播中国传统文化。纵观辜鸿铭的整个学习经历，对他影响最大的莫过于在英国爱丁堡大学期间的学习。担任他导师的是英国浪漫主义代表人物卡莱尔（Thomas Carlyle，1795—1881）。事实上，卡莱尔的身份除了是辜鸿铭的导师，还是他义父布朗的父亲的旧交。他初到英国时，就曾在爱丁堡待过一段时间，多次拜访卡莱尔。他曾回忆道："每晚来卡莱尔家，他们父女谈话，我也在旁边听着。在那三个月的谈话中，父女二人解答了上百个问题，遍及文、史、哲、社会科学。有时，三言两语；有时，千言万语。"❶ 此外，阿诺德（Matthew Arnold，1822—1888）、爱默生（Ralph Waldo Emerson，1803—1882）都是卡莱尔要好的朋友和志同道合者。他们都以直接或间接的方式影响了辜鸿铭的思想。浪漫主义者最重要的特征就是否定和批判资本主义文明，痛斥人的贪婪、功利和物质成就，而强调自然、心灵和道德信仰。值得提出的是，

---

❶ 兆文钧.辜鸿铭先生对我讲述的往事[M]//《文史资料选辑》编辑部.文史资料选辑：第八辑.北京：中国文史出版社，1986：175.

卡莱尔曾著《英雄和英雄崇拜》(*On Heroes, Hero Worship and the Heroic in History*, 1988),他所坚信的英雄崇拜论与中国传统伦理道德中的君王至上、贤人政治的理想十分契合。他在书中赞美中国的皇帝及其采取科举制度、追求文人士大夫政治的理想。他提出应该让智慧的人位于事务管理的顶端,"因为真正智慧的人是有高尚心灵的人,真诚、正直、人道和勇敢的人。如果让他执政,一切都会得到。但如果不取用他,即使你有繁多的制度,在每个村庄都设议会,也终将一无所获"。❶

值得提及的是,以卡莱尔和爱默生为代表的一些欧美浪漫主义者对东方和中国文明都表现出某种赞赏。据辜鸿铭的回忆,卡莱尔曾在谈起西方民主制度时说世界已经走上一条错误的道路,人类的一线光明是中国的民主思想。中国的民主理想传播到欧洲之后掀起了法国大革命,但它像一根燃烧的火柴,在一阵风之后就熄灭了。徒有民主制度,没有民主精神。在爱默生看来,孔子比耶稣早五百年创立所倡的"金律"(中庸之道),并且"注重反省自责,提倡勤俭的美德和苏格拉底一样'以不知为不知'的虚心,在人类思想上有很大贡献"。❷这些浪漫主义思想对辜鸿铭的文化意识产生了深远影响。

比较而言,理氏的一生都在以一个基督教徒和汉学家的身份对中国文化做译介和探寻,而辜氏的整个生命历程是对中华传统文化的回归与守护,言传身教,身体力行。两人都选择研习并翻译中国典籍,前者是为了满足自己对异国文化的窥探之心,而后者是为了在祖国传统风雨飘摇之际,力图实现对中华文化的回归。如果说理雅各对中国典籍的阐释经历了从偏见到中立,再到认同这三个阶段,那么辜鸿铭对中国传统文化的译介则始终秉着一颗赤子之心,充满了炽热的爱国之情。两者之间的差别跟他们各自的生活环境、时代背景与教育经历有着密不可分的关系。

---

❶ 卡莱尔. 英雄和英雄崇拜:卡莱尔讲演集[M]. 张峰,吕霞,译. 上海:上海三联书店,1988:58,275.

❷ 钱满素. 爱默生和中国:对个人主义的反思[M]. 北京:生活·读书·新知三联书店,1996:98.

3.3 译者为我性

从目的论的角度看,译者主体性体现在译者对自我选择的追求,在翻译过程中采取个性化策略,体现自我意志,实现文化抱负。译者为我性的两个明显指向,一是译者的翻译动机,即译者选择翻译材料和策略的终极目标;二是目标读者,即译作所针对的读者群体,对读者的期待反映在译者对翻译风格的选择上。理雅各和辜鸿铭在翻译动机和目标读者两方面都具有鲜明的特点和差异。

3.3.1 翻译动机

在了解理雅各和辜鸿铭各自的出身背景后,不难看出二者在译介儒家文化时的动机各有不同。理雅各到达中国时的身份是伦敦传道会的传教士,他的使命是皈化中国人的思想。但当他发现了中国人思想的不同,他立即意识到去了解、认识自己对手的思想来源非常重要,他必须贴近他们的历史、哲学、宗教和诗歌,必须熟悉他们的风俗习惯和生活方式。

他在致伦敦传道会的信中,写道:"我总是将自己的伟大使命牢记于心。"❶ 因此,我们不难判断理雅各译经的动机就在于了解中国人的思想,以便更有效地向他们传教。在《中国经典》第一卷序言中,理雅各写道:"只有透彻地掌握了中国人的经书,深入研究过中国圣人的思想,才能理解中国人的道德、社会、政治生活的基础,才能与传教士所肩负的职责相称。"❷

1856年,理雅各在香港经营的神学院因失败而关闭。更令他伤心的是,他的三位得意门生、曾在他英国家乡受洗的吴文秀、李剑麟和宋佛俭,最终放弃了为教会服务的事业,被吸引到商业活动以及其他行业中去。这对理雅各的打击无疑是巨大的,使他更加迫切地想了解生活在中国这片土地上的"异教徒"脑中的思想。

---

❶ 吉瑞德. 朝觐东方:理雅各评传[M]. 段怀清,周俐玲,译. 桂林:广西师范大学出版社,2011:54.

❷ LEGGE J. The chinese classics with a translation, critical and exegetical notes prolegomena, and copious indexes[M]. Oxford: Clarendon Press, 1893:5.

辜鸿铭翻译中国典籍的直接原因是捍卫中国传统文化，希望通过宣扬道德的力量将中国从欧洲人野蛮的枪炮中解救出来。他认为世界已经走向了一条错误的道路，世界人民应该了解中国传统文化，从而遵守道德秩序，停止暴力和野蛮。

在《中庸》译序中，他写道："绝大多数人都认为在中国旧式的秩序正消亡，他们欢呼新知和进步文明进入中国。但我个人却不相信在中国古老的秩序会过时，因为我知道旧式秩序，中国文明和社会秩序是一个道德的文明和真正的社会秩序，它符合事物的本性，因此不会消亡……如果这本出自中国古人智慧的小书，能有助于欧美人民，尤其是那些正在中国的欧美人更好地理解'道'，形成一种较清晰较深刻的道德责任感，以便使他能够在对待中国和中国人民时，抛弃那种欧洲'枪炮'和'暴力'文明的精神和态度，那么，我将感到我多年理解和翻译这本书所花费的劳动没有白费。"❶

值得注意的是，辜鸿铭《中庸》译本发表前夕日俄战争爆发，整个世界卷入战争的旋涡。辜鸿铭在《日本邮报》发文，通过《日俄战争的道德原因》等文章批评西方国家的霸权，为日本辩护。之后，其《中庸》译本在《日本邮报》连载发行，也成了他文化抗议活动中的一部分。

辜鸿铭重译经典的另外一个原因是，他对理雅各译本颇为不满。他早在1898年《论语》译本序言中就提出："自从理雅各博士发表他关于《中国经典》的最初部分，迄今已40年了，现在任何人、哪怕是对中国语言一无所知的人，只要反复耐心地翻阅理雅各博士的译文，都禁不住要感到它多么令人不满意……就普通的英语读者而言，我们只能认为，理雅各博士在其所译中国经书中展示的中国人之知识与道德面貌，其陌生与怪诞，不亚于一般英国人眼里中国人的衣着与外貌。"❷ 正是这种对前人译本的不满成了他重新译经的内部动力，他希望以自己的译本来改善西方人对中国文化的疏离和误解，传播中国古典的圣人之言，弘扬中华文明的道德教化。

---

❶ KU H. The universal order or conduct of life [M]. Shanghai：Shanghai Mercury，1906：ix.

❷ KU H. The discourses and sayings of confucius：a new special translation，illustrated with quotations from Goethe and other writers[M]. Shanghai：Kelly & Walsh，1898：9.

3.3.2 目标读者

理雅各的儒经译本更多是为传教事业服务的。他曾在家书中写道:"我认为,如果所有儒家经典都能够翻译出版并且附有注解的话,这将有助于未来的传教士的工作……我已经安排好,传教士们——无论是新教还是罗马天主教的传教士们——可以半价购买我的译本。"❶ 也就是说,他的儒经翻译是要尽可能地将自己所了解的中国思想文化传递给后代来华传教士,以让他们更快地了解当地人的思想,从而能更有效地对他们进行"皈化"。而且早在他开始自己的儒经翻译事业之前,他就感觉到,"把被称为中国人的'福音书'以及中国的'摩西五经'的'四书五经'翻译成英文是值得倾力去做的,译本将包括正文翻译和注释,这将成为外国学生学习中国文学的标准规范读本,还可以供那些需要了解中国哲学、宗教和道德的普通读者阅读"❷。从中我们可以发现,理氏儒经译本的目标读者是来华的传教士以及西方世界中需要学习中国文化的普通读者。

早在发表《中庸》译文之前,辜鸿铭就已开始在刊物上发表英文文章。1883 年,他在上海最早的英文报纸《字林西报》(*North China Daily News*)上发表《中国学》(*Chinese Scholarship*),概述了西方 19 世纪以来汉学的发展情况,并指出汉学家们治学的不足。1891 年,他以"一个中国人"的名义在该报上发表《为祖国和人民争辩——现代传教士与最近教案关系论》(*Defensio populi ad populos, or the modern missionaries in relation to the recent riots*),公开抨击在华传教会和传教士,支持人民反洋教。1901 年,他在《日本邮报》(*Japan Weekly Mail*)发表《尊王:中国人民对皇太后及其政府真实感情的陈述》(*Papers from a Viceroy's Yamen, a Chinese Plea for the Cause of Good Government and True Civilization*),公开向世界表达维护中国文化和政治的立场。他的一些文章如《中国牛津运动故事》(*The Story of a Chinese Oxford Movement*,1910)还被译成德文在德国出版,受到欧洲读者的

---

❶ LEGGE H. James Legge : missionary and scholar[M]. London : The Religious Tract Society,1905:44.

❷ 吉瑞德. 朝觐东方:理雅各评传[M]. 段怀清,周俐玲,译. 桂林:广西师范大学出版社,2011:23.

关注。1904年，辜氏的《中庸》译本开始连载于《日本邮报》。1906年，整本译著在上海正式出版。

辜氏的文字一直都在面向世界为中华文明申辩，他希望通过英文与西方世界中的"文明人"们平起平坐，让世界人民意识到当时西方对华政策的"野蛮"，从而使西方人开始尊重中国人民以及当时的清朝政府。所以，辜氏撰文的目标读者不只是某一个特定群体，而是世界范围内每一个懂得英文的普通读者。

无论是译者能动性、受动性还是为我性，译者主体性的核心是译者本人的性格特点和文化观点。理雅各平顺的性格使他的著述保持着一种严谨的学术研究性，其基督教传教士的身份使他将基督教教义置于至高的位置，他在神学院的学习为自己确定了思想立场，最终走上的翻译之路也是他执着于上帝的旨意而想让更多的人认识上帝的表现。而辜鸿铭的性情偏执善辩，他有强烈的传统文化保护意识，西方人文主义和浪漫主义文学大师对他的思想立场起了重要作用，从而使他坚信中国的传统文明是人类现存最宝贵和最道德的文明，因此他的翻译是一种文化保护的方式，他运用自己通西学的优势将他所理解的中国传统文化呈现给西方世界。

综上所述，从译者主体性的角度分析，理雅各和辜鸿铭有着各自鲜明的性格、文化意识、教育背景、翻译动机，这些因素决定了他们各自的翻译立场，从而促使他们在翻译《中庸》这部儒家经典过程中形成了截然不同的翻译目的、策略和风格，为他们的译文打下了鲜明的个人烙印。

四、理氏和辜氏的译者主体性在《中庸》译本中的体现

在比较了理雅各与辜鸿铭两位译者在性格、文化意识、教育背景以及翻译动机等方面存在诸多不同之后，本节将从两位译者对文本的选择和书名翻译、译本风格及文本内在含义的体现三个方面比较分析这两个译本，探索译者主体性如何影响了译者的翻译效果。

4.1 文本的选择和书名翻译

理雅各一生翻译了大量的中国典籍，其中包括除《尔雅》外的"十三

经"❶、道家和佛家❷的主要文献，分别以五卷本《中国经典》《道家文本》等书名出版。一人承担如此巨大的中国文化翻译工程可谓举世无双，因此"他的译本陆续出版后，在西方乃至世界引起了轰动"❸。1879年，他的《礼记》与《易经》译本收入了英国东方学家、比较宗教学家麦克斯·缪勒所编"东方圣典丛书"❹，由伦敦克勒瑞敦出版社（Clarendon Press）出版。

他的《中庸》译本位于《中国经典》第一卷，初版于1861年在香港出版，修订版于1893年在牛津出版。第一卷共包括三部典籍的英译，分别是《论语》《大学》和《中庸》。"四书"中的《孟子》在第二卷中出版。这样的顺序恰好按照"四书"的年代排列。理氏对四部书的书名翻译忠于书名的原字面意思，将它们分别译为 *Confucian Analects*、*The Great Learning*、*The Doctrine of the Mean* 和 *The Work of Mencius*。他将"四书"与另外四本典籍（《尚书》《诗经》《春秋》和《左传》）的译本加在一起，以五卷本丛书出版，总名称为《中国经典：译本及评释、学术绪论和索引》（*The Chinese Classics with a Translation, Critical and Exegetical Notes Prolegomena, and Copious Indexes*）。

他将《中庸》的书名译作 *The Doctrine of the Mean*，这里 the Mean 的字面意思是"中间值""平均数"。一方面，这样的翻译与"中庸"作为儒家道义的"中和""中不偏，庸不易""恰到好处"有着一定的差异，儒家的道义是不走极端，并非完全取其中间的中立态度。另一方面，《中庸》作为普通的道德书目，与基督教教义没有原则性的冲突。但是一旦从本体高度去理解它，深层地挖掘"中和"宇宙观的含义，它的思想就会与基督教中的神创论、终极信仰发生冲突，这自然也是传教士不愿意面对的，所以这种字面解

---

❶ 十三经：指儒家的十三部经书，即《周易》《尚书》《诗经》《周礼》《仪礼》《礼记》《春秋左传》《春秋公羊传》《春秋穀梁传》《论语》《孝经》《尔雅》《孟子》。

❷ 包括《道德经》《庄子》《佛国记》（又名《法显传》）。

❸ 岳峰. 架设东西方的桥梁：英国汉学家理雅各研究［M］. 福州：福建人民出版社，2004：3.

❹ 英国东方学家、牛津大学教授麦克斯·缪勒支持编辑的五十卷本丛书，出版于1879—1910年。

读倒是有利于理雅各不加价值判断的直译，也是辜鸿铭等中国学者对理氏译文不满的原因之一。

辜鸿铭一生完整翻译过的儒经有三部，先后分别是《论语》《中庸》和《大学》。但正式出版、公开发行的只有前两部。其中，以《中庸》译本最为流行，被收入"东方智慧丛书"(The Wisdom of the East Series)，并多次重印。该译文最先在1904年日俄战争爆发后通过《日本邮报》连载发行。1906年，其单行本由上海《文汇报》(Shanghai Mercury)出版。

辜氏在《中庸》译序中说明：他已翻译《大学》(Higher Education)，本想将其与《中庸》一书合刊，但考虑到《大学》译本尚未达到他认为的理想境界，只好遗憾地将《中庸》一书先行出版。根据托尔斯泰的信件内容，辜氏在两年之后才将《中庸》和《大学》两书译本送给了托尔斯泰。❶

根据成书的年代顺序，"四书"的先后顺序应为《论语》《大学》《中庸》《孟子》，南宋朱熹根据篇中所论内容和主旨，将四书排列为《大学》《论语》《孟子》《中庸》。而辜氏以《论语》《中庸》《大学》的次序翻译儒经❷，这背后有他对儒经独特的理解。《论语》是唯一一部专门记录孔子及其弟子言论的经书，辜氏认为它给了中国人"理智和道德的文化装备"。而《中庸》和《大学》则共同构成了"儒家基本教义的问答手册"❸。他将《中庸》译为"宇宙秩序或处世之道"(The Universal Order or Conduct of Life)，从普世的高度以儒家伦理阐释与宇宙秩序一致的人类道德行为准则。

在《中庸》译序中，他写道："就我有限的知识来看，在所有欧洲的文学作品中，无论是古代的还是现代的，都没有发现像在这本小书中所发现的那样简单明了到了极点，同时又如此完整和丰富的关于道德责任观或道的阐说。"❹ 所以，他的文本选择直接服务于翻译目的，便于西方人认识儒家哲学

---

❶ 黄兴涛.旷世怪杰：名人笔下的辜鸿铭，辜鸿铭笔下的名人[M].上海：东方出版中心，1998：105.

❷ 钱穆.四书释义[M].北京：九州出版社，2010：1.

❸ KU H. The discourses and sayings of confucius：a new special translation, illustrated with quotations from Goethe and other writers[M]. Shanghai：Kelly & Walsh, 1898：5.

❹ 辜鸿铭.辜鸿铭文集：下[M].黄兴涛，等译.海口：海南出版社，1996：512-513.

的基本思路和道德特质。

4.2 译本风格

4.2.1 译本体例

理雅各的译本以朱熹的《中庸章句集注》为原文，他的译文包括朱熹的评注，因此他自己的翻译也深受朱熹的影响。他多次通过注释说明朱熹的评注为他的翻译提供了参考。他在《中国经典》序言里写道："起初我反对按照宋代著名批评家与哲学家朱熹的观点来翻译。但我苦苦寻找原著的意思时，很快意识到朱熹风格的俊美和力度，其分析的正确性以及思想的深度。应该说他的思想与经典原文总体上是一致的，所以应该接受朱熹的分析。"

正如书名《中国经典：译本及评释、学术绪论和索引》所示，理雅各译本的正文中原文翻译只占一半左右篇幅，另一半篇幅留给了详细的学术绪论、正文注释和文后索引。第一卷内容包括"四书"中的三部——《论语》《大学》和《中庸》。第一部分是学术绪论，理雅各在此对各典籍进行了文献考证，提供了文本史、文本价值、作者生平等学术资料，篇幅为一百三十六页。目录如下：

第一章：中国经典总论
　第一节：《中国经典》所含篇目
　第二节：这些篇目的权威性
第二章：《论语》
　第一节：汉代学者与《论语》文本之形成
　第二节：《论语》作者考；其旨趣；其真实性
　第三节：对于《论语》注释的评论
　第四节：《论语》之训诂
第三章：《大学》
　第一节：文本史
　第二节：作者考
　第三节：《大学》之范围及价值

第四章：《中庸》
　　第一节：在《礼记》中之位置及其作为单行本之刊行
　　第二节：作者及其行迹考
　　第三节：完整性
　　第四节：范围与价值
第五章：孔子及其直接弟子
　　第一节：孔子生平考
　　第二节：孔子影响及其主张
　　第三节：孔子嫡传弟子
第六章：该卷准备过程中所查阅主要书目
　　第一节：中文书籍，附简略注释
　　第二节：中国典籍之西文翻译及其他西文著作❶

　　第二部分是三部典籍的翻译正文，共占二百九十八页。理雅各将每一页面分成上中下三部分：页面上端是竖排版的中文典籍原文，中间位置是横向排版的英文译本，而页面靠下部分也是占据位置最大的部分就是注释。密密麻麻的注释中频频闪现典籍中的汉字，汉字之后是作者的翻译思路，他将所参考学者的名字、观点一一列出。有的注释是简单的汉字含义探讨，但有的注释横跨几个页面，甚至还有独立小标题，俨然是一篇学术论文。后文将会举出具体示例。
　　著作的第三部分是典籍中所出现的主题和人名索引以及相关汉字与词语的索引，共占六十八页篇幅。具体目录为：

第一章：《论语》中涉及主题
第二章：《论语》中涉及人名
第三章：《大学》中涉及主题
第四章：《大学》中涉及人名

---

❶ LEGGE J. The chinese classics with a translation, critical and exegetical notes prolegomena, and copious indexes[M]. Oxford: Clarendon Press, 1893: 44.

第五章:《中庸》中涉及主题

第六章:《中庸》中涉及人名

第七章：相关汉字与词语❶

从理氏的译本体例中，可以看出整部作品在结构上的学术倾向。如果除去正文中的中文原文和评注部分，典籍的译文部分占整本著作的比例不到二分之一。理雅各用了更大的篇幅向读者提供繁复、详尽的文献背景知识。因而我们很容易得出这样一个结论：理氏的《中国经典：译本及评释、学术绪论和索引》不仅是一部译著，更是一部评述中国典籍研究的学术报告。

早在出版《中庸》译本之前，辜鸿铭就在自己所著《论语》译本主书名下注明"（这是）一本引用歌德和其他西方作家的话来解说的新的特别翻译"，并在其序言中指出："为了使读者能彻底理解这些内容，理解本书中思想的意义，我们加了一些注释，引用了非常著名的欧洲作家的话。征召那些熟悉的思想，或许对了解那些作家的读者们有所帮助。"❷这种观念和努力在辜氏的《中庸》译本中得到了继承和加强。

辜氏《中庸》译本的分章与朱熹的注本基本一致，但他没有像理雅各那样以朱熹的《中庸章句集注》为原文本，连朱熹的评注语一并翻译。其译本主体由两部分构成——原文英译文和评论性注释（内引歌德和其他著名西方作家如莎士比亚、卡莱尔、爱默生的话语）。此外就是一个简短的序言和末尾译者其他作品列表。

辜氏的译文完全以内容为核心，他不但提供原文内容的翻译，而且附上有助于读者理解的丰富注释。辜氏几乎在每一章节末尾插入注释，但不是以脚注的形式，而是直接在正文中以字体稍小的文字插入。这些注释中有作者自己对于本章节内容的阐发，也有通过引用著名西方学者、文人的话语进行的论证，从而彰显本章节内容的深刻性、合理性。

---

❶ LEGGE J. The chinese classics with a translation, critical and exegetical notes prolegomena, and copious indexes[M]. Oxford：Clarendon Press，1893：46.

❷ KU H. The discourses and sayings of confucius：a new special translation, illustrated with quotations from Goethe and other writers[M]. Shanghai：Kelly & Walsh，1898：6.

在第六、第七、第九和第十六章的注释中，辜氏甚至对章后的注释做了进一步阐发。由于篇幅所限，他把进一步阐发部分以附录A、B、C和D的形式置于文末。有趣的是，这四个附录作为原文注释的延伸，已经很难与原文有任何关联性。实质上这些洋洋洒洒的文字是辜氏自己的感慨，他分别对性善论、致中和等思想做了深刻的分析，通过针砭西方的时弊凸显出儒家思想的价值。虽然辜氏对一些细节的解释有失偏颇，但我们不得不体谅他的良苦用心，即通过扭曲部分细节来更好地彰显儒学的精神或内涵。

值得注意的是，辜氏在翻译《中庸》时对原文的段落安排做了一处调整。为了使经义前后更为贯通和条理化，他将原第二十章"哀公问政"与第十六章"鬼神之为德"的位置调换。的确，第十六章中"诚"字的出现很突然，而第二十章就比较自然地引出"诚"并对其作界定。两章位置互换后，"诚"字的出现就颇为顺畅。同时，让第二十章接于第十五章之后，第十五章中的"君子之道，辟如行远必自迩，辟如登高必自卑"这个由低到高的过程恰好能在第二十章"为政之道"的探讨之中延续。由此可以看出，辜氏的译文结构是译者强调原文思想内涵的一种刻意安排，这与他的主体性十分一致。

4.2.2 语言的文学性

语言的文学性是翻译风格的一种体现。译文与原文的对等性不仅体现在意义的对等，还体现在语言风格的相似。《中庸》是一部儒家哲学典籍，其语言具有言简意赅的特点，感叹、排比句式丰富，还引用了大量《诗经》中的语句，所以是一部具有高度文学性的哲学著作。

得益于欧洲浪漫主义文学的修养，辜鸿铭的译笔流畅优美，句式丰富。同时，他将儒家经典看作具有重大思想价值的文本，对其本身的文学性颇为重视。他在《中庸》译本序言中写道："我的目标是透彻地把握原作意义，既传达出其内容，又不失其表现方式。正如华兹华斯所说，一切具有内在价值的文学，最要紧的当然是其内容，但内容总是以一定的方式表现出来的。要想再现古代圣哲的表现方式，即文学中所谓的风格，译者必须使自己进入先贤的思想与心灵境界。"❶ 正是在这样的思想指导下，辜鸿铭所做的译文在

---

❶ KU H. The universal order or conduct of life[M]. Shanghai: Shanghai Mercury, 1906: ii.

语气上、句型上和语义的连贯度上与原文尽量达到一致，所呈现的译文自然流畅，毫无翻译的印迹，仿佛是一本外文原著。相比之下，理雅各的译文略显平淡。举例说明如下：

【原　文】有弗学，学之弗能，弗措也。有弗问，问之弗知，弗措也。有弗思，思之弗得，弗措也。

【辜译本】It matters not what you learn, but when you once learn a thing you must never give it up until you have mastered it. It matters not what you inquire into, but when you inquire into a thing you must never give it up until you have thoroughly understood it. It matters not what you try to think out, but when you once try to think out a thing you must never give it up until you have got what you want. ❶

【理译本】The superior man, while there is anything he has not studied, or while in what he has studied there is anything he can not understand, will not intermit his labor. While there is anything he has not inquired about, or anything in what he has inquired about which he does not know, he will not intermit his labor. While there is anything which he has not reflected on, or anything in what he has reflected on which he does not apprehend, he will not intermit his labor. ❷

原句的意思是：有些知识不学则已，学了，学不成就不放下；有的问题不问则已，问了，不理解就不能放下；有些事情不思索则已，思索了，没有所得就不能放下。辜氏的翻译用了三个"It matters not...but..."句式的排比，回译过来就是：不管你学什么，只要学了，那在你掌握之前就不能放弃；不管你问什么，只要问了，那在弄懂之前就不能放弃；不管你思考什么，只要思考了，那在获得自己想要的答案之前就不能放弃。简单流畅的表达完全传

---

❶ KU H. The universal order or conduct of life[M]. Shanghai：Shanghai Mercury，1906：32.

❷ LEGGE J. The chinese classics with a translation，critical and exegetical notes prolegomena，and copious indexes[M]. Oxford：Clarendon Press，1893：413.

达了原文的意思。

但理氏的三个句型复杂,句中的条件状语过长,使读者不能很快地理解句子的意思。而理解之后,我们很容易发现,他的翻译与原意有出入。理氏的译文回译过来大意为:如果一位君子有任何知识上的不足,或者在学习的过程中有任何疑惑,那他就不会中断自己的努力。也就是他应该学习所有的知识,并且将这些知识全部掌握。这样的译法与辜氏的理解相去甚远。

【原　文】故天之生物,必因其材而笃焉。故栽者培之,倾者覆之。

【辜译本】For God in giving life to all created things, is surely bountiful to them according to their qualities. Hence the tree that is full of life, he fosters and sustains; while that which is ready to fall, he cuts off and destroy. ❶

【理译本】Thus it is that Heaven, in the production of things, is sure to be bountiful to them, according to their qualities. Hence the tree that is flourishing, it nourishes, while that which is ready to fall, it overthrows. ❷

初看两个版本的译文相似,但是仔细对比却能发现,辜译本在理译本的基础之上调整了句中语序,使译文与原文的顺序几乎完全一致。林语堂就曾对此赞叹不已,认为其不仅整体句子优美,而且选词用字都与原文非常对等。除"因其材而笃"的译文颠倒了次序外,其余部分可谓完全依原序译出。原文的对偶结构也在译文中充分体现,"培"和"覆"均以两个近义词译出,不仅使意义丰富,而且使英文不致头重脚轻,整体十分平衡。以 God 译"天",以 created things 译"物",更是令西方读者仿佛有捧读《圣经》的

---

❶ KU H. The universal order or conduct of life[M]. Shanghai: Shanghai Mercury, 1906: 46.

❷ LEGGE J. The chinese classics with a translation, critical and exegetical notes prolegomena, and copious indexes[M]. Oxford: Clarendon Press, 1893: 399.

第一编　中西译思的碰撞：理雅各与辜鸿铭《中庸》译本比较

亲切之感。辜氏的译文，既没有翻译腔，又传达了原文的修辞风格，可以说在直译与意译、异化与归化之间取得了一种动态平衡。❶

此外，《中庸》内有多处引用了《诗经》中的句子。对诗句的翻译颇能考验译者的文学水平，试看两位译者对第十五章中句子的翻译：

【原　文】诗曰："妻子好合，如鼓瑟琴。兄弟既翕，和乐且耽。宜尔室家，乐尔妻帑。"子曰："父母其顺矣乎！"

【辜译本】*The Book of Songs* says,

"When wife and children dwell in unison,

'Tis like to harp and lute well played in tune.

When brothers live in concord and at peace,

The strain of harmony shall never cease.

Make then your home thus always gay and bright,

Your wife and dear ones shall be your delight. "

Confucius, commenting on the above, remarked:

"In such a state of things above, what more satisfaction can parents have?" ❷

【理译本】It is said in *the Book of Poetry*,

"Happy union with wife and children,

is like the music of lutes and harps.

When there is concord among brethren,

the harmony is delightful and enduring.

Thus may you regulate your family,

and enjoy the pleasure of your wife and children. "

The Master said, "In such a state of things, parents have entire

---

❶ 王辉. 后殖民视域下的辜鸿铭《中庸》译本［J］. 解放军外国语学院学报，2007（1）：62-68.

❷ KU H. The universal order or conduct of life［M］. Shanghai：Shanghai Mercury，1906：30.

complacence!" ❶

　　这一节描述的是君子的治家之道：当他把妻子、兄弟关系都处理融洽之后，父母就会顺心了。前后分别引用了《诗经》和孔子的话。从形式上很容易就能看出，辜氏对《诗经》中句子采取了以诗译诗的方法，五步抑扬格，以 AABBCC 押尾韵，充分体现语言的文学性。在最后一句的翻译中，辜鸿铭采用反问句形式表达了原文的感叹语气，凸显出原文的腔调语气，表达父母心满意足的状态。此外，他还在前半部分主动添加了插入语"看到了以上的情况"，使前后两部分联系更紧密。理雅各的译文严格按照原文直译，虽然也是清楚明了，在文学性上却稍逊一筹。

　　从这些例子不难看出，辜鸿铭的表达流畅度和文学性在理雅各之上。但同时值得我们注意的是，由于辜氏好将原文中的一些概念与西方概念做比附，有时会将译文的文学性提升到原文没有的高度，因而难免有过译的倾向。

　　【原　文】诚则形，形则著。
　　【辜译本】Where there is truth, there is substance. Where there is substance, there is reality. ❷
　　【理译本】The sincerity becomes apparent. From being apparent, it becomes manifest. ❸

　　该句就人事而言，指如果人可以诚于本性，就会在外表上有所体现，然后会变得明显。辜氏的句子回译成中文就是"有真理就有物质，有物质就有实体"，变成了西方哲学中柏拉图"理念先于事物，物质源于实体"的说法，将很平实的一句话拔高到了形而上学的层次。而理氏的译文按照原文字面直

---

❶ LEGGE J. The chinese classics with a translation, critical and exegetical notes prolegomena, and copious indexes[M]. Oxford：Clarendon Press，1893：396.

❷ KU H. The universal order or conduct of life[M]. Shanghai：Shanghai Mercury，1906：55.

❸ LEGGE J. The chinese classics with a translation, critical and exegetical notes prolegomena, and copious indexes[M]. Oxford：Clarendon Press，1893：417.

译，贴合原文的意思，并没有像辜鸿铭那样引申阐释。辜鸿铭旁征博引的文学性、理雅各严谨忠实的学术性，形成了两人翻译风格的显著差异。

4.3 文本内在含义的体现

4.3.1 核心概念的阐释

对于核心概念的阐释最能体现译者对于原文内在含义的把握程度。下文将着重对比分析两位译者对于"道""中""君子""诚"概念的翻译。

"道"字在《中庸》中出现了五十八次。首次出现是在开篇第一句："天命之谓性，率性之谓道，修道之谓教。"此句位于全文之首，具有提纲挈领的地位。朱熹注曰："人物各循其性之自然，则其日用事物之间，莫不各有当行之路，是则所谓道也。"❶ 也就是说，人了解自己心性中本来的面目，并遵循它生活，这样的生活才是合理的，"道"就是指这样一种合理的生活方式。它并不是一个玄妙抽象的概念，而是每时每刻存在于每个人生命中的道理。原文接着写道："道也者，不可须臾离也；可离，非道也。"指出一个真正懂得生活之道的人会一直遵循这种方式，不管他是否独处。之后，原文对"道"做了进一步阐释："喜怒哀乐之未发，谓之中；发而皆中节，谓之和。中也者，天下之大本也。和也者，天下之达道也。"指出要真正领悟生命之道，就是要时刻保持心性的平和，即使面对事物的变化也要保持内心的平衡、安宁，这样才能按天下事物运行规律生活。贯穿《中庸》全篇的"道"在意义上始终遵循此道。

【原　文】天命之谓性，率性之谓道，修道之谓教。

【理译本】What Heaven has conferred is called THE NATURE; an accordance with this nature is called THE PATH OF DUTY; the regulation of this path is called INSTRUCTION. ❷

【辜译本】The ordinance of God is what we call the law of our being.

---

❶ 朱熹. 四书章句集注 [M]. 北京：中华书局，1983：17.

❷ LEGGE J. The chinese classics with a translation, critical and exegetical notes prolegomena, and copious indexes[M]. Oxford：Clarendon Press，1893：383.

To fulfill the law of our being is what we call the moral law. The moral law when reduced to a system is what we call religion. ❶

理雅各将"道"译作 the path of duty，并将后文"达道"译作 the universal path，也就是说，将"道"作"路"解，保留了"道"的字面意思，没有发挥其隐喻含义。而辜鸿铭将"道"译为 the moral law，将"达道"译作 the universal law，直接进入了道德哲思之门。道与德相辅相成，有德之人才能成为"得道"之人，第二十五章中的"性之德也，合外内之道也"便是这样的意思。辜氏阐释性翻译体现了他对于原文含义的理解，有助于在文义中实现内在联系性。

"中"即"中庸"之"中"。该字共在文中出现二十四次，其中十二次以"中庸"出现。对"中"字的阐释首先出现在第一章："喜怒哀乐之未发，谓之中。发而皆中节，谓之和。中也者，天下之大本也。和也者，天下之达道也。致中和，天地位焉，万物育焉。"❷ 这里的"中"与"和"相对，前者意指本性安宁平静的状态，而后者指事物变化引发情绪之后，人对自我心境进行调整之后达到的平衡状态。第二十章中写道："从容中道，圣人也。"如果人可以在各种情况下守住心中原来的安宁，那就达到了圣人的境界。"中庸"就是指守住内心宁静，遵循事物本来运行规律的一种生活之道。

【原　文】致中和，天地位焉，万物育焉。

【理译本】Let the states of equilibrium and harmony exist in perfection, and a happy order will prevail throughout heaven and earth, and all things will be nourished flourish. ❸

【辜译本】When true moral being and moral order are realized,

---

❶ KU H. The universal order or conduct of life[M]. Shanghai：Shanghai Mercury, 1906：1.

❷ 朱熹. 四书章句集注 [M]. 北京：中华书局，1983：17.

❸ LEGGE J. The chinese classics with a translation, critical and exegetical notes prolegomena, and copious indexes[M]. Oxford：Clarendon Press, 1893：383.

the universe then becomes a cosmos and all things attain their full growth and development. ❶

理雅各将"中"译为 equilibrium，意为"平静、平衡状态"，字面含义与原文十分贴近。而辜鸿铭将其译作 the true self 以及 true moral being，意为"真实的自我，真实的道德存在"，是对字面含义的深一步挖掘，对原文的道德思想性进行了意义上的解读。相比而言，理雅各的翻译谨守成规，宁愿直译，也不越雷池一步，不以自己的解释来代替原文之根本。辜鸿铭则肆意汪洋，勇于用自己的理解来意译原文，选用了哲学意味浓厚的用词凸显原文的微言大义。

"君子"在《中庸》中出现了三十四次，贯穿全篇。它与后文出现的"圣人""至圣之人"一样，是用以向读者说明行道之人生活的各方面。

第二章中的"君子中庸，小人反中庸"，第十二章中的"君子之道，费而隐"，第二十四章中的"君子诚之为贵"，以及第三十三章中的"君子之道，暗然而日章"都旨在说明君子是遵循中道之人，它是此文道德方法论的最佳施行者。

【原　文】君子中庸，小人反中庸。

【理译本】The superior man embodies the course of the Mean, the mean man acts contrary to the course of the Mean.❷

【辜译本】The life of the moral man is an exemplification of the universal moral order. The life of the vulgar person, on the other hand, is a contradiction of the universal moral order.❸

---

❶ KU H. The universal order or conduct of life [M]. Shanghai : Shanghai Mercury, 1906 : 11.

❷ LEGGE J. The chinese classics with a translation, critical and exegetical notes prolegomena, and copious indexes[M]. Oxford : Clarendon Press, 1893 : 386.

❸ KU H. The universal order or conduct of life [M]. Shanghai : Shanghai Mercury, 1906 : 3.

理雅各将"君子"译作 the superior man，意为"上等的、优秀的人"；将"小人"译作 the mean man，意为"卑鄙的、狭隘的人"，似是从社会等级上判定了君子与小人的差异。而辜鸿铭以 the moral man 译"君子"，以 the vulgar person 译"小人"，从道德品行上对两者的心性做了概述。

"诚"是《中庸》的另一核心词，在第二十章之后频频出现。第二十章中，原文对其做了较清楚的阐释。

【原　文】诚者，天之道也。诚之者，人之道也。诚者，不勉而中，不思而得，从容中道，圣人也。诚之者，择善而固执之者也。

【理译本】Sincerity is the way of Heaven. The attainment of sincerity is the way of man. He who possesses sincerity, is he who, without an effort, hits what is right, and apprehends, without the exercise of thought;—he is the sage who naturally and easily embodies the right way. He who attains to sincerity, is he who chooses what is good, and firmly holds it fast.❶

【辜译本】Truth is the law of God. Acquired truth is the law of man. He who intuitively apprehends truth, is one who, without effort, hits what is right and without thinking, understands what he wants to know; whose life easily and naturally is in harmony with the moral law. Such a one is what we call a saint or a man of divine nature. He who acquires truth is one who finds out what is good and holds fast to it.❷

原文的意思是：天道运行，真实无妄，"诚"就是自然运行的规则。对于人来说，应该学习天道运行的真实无妄。只有圣人不用学习和思考就能真

---

❶ LEGGE J. The chinese classics with a translation, critical and exegetical notes prolegomena, and copious indexes[M]. Oxford：Clarendon Press, 1893：413.

❷ KU H. The universal order or conduct of life [M]. Shanghai：Shanghai Mercury, 1906：43.

实无妄地了解自己,从而明白中庸之道。至于普通的人,只要坚持做正确的事,通过学就可以变得真实无妄。因此,"诚"是获得中庸之道的一种方法论。人只有学习成为一个真实的人之后,才能了解自己心性本来的面目,然后遵循它合理地生活,获得感化他人和自然的力量。

理雅各将"诚"译为 sincerity,即"诚实,真诚";将"诚之"译为 the attainment of sincerity,即"获得真诚,达到诚实的状态",在意思上很准确。而辜氏将"诚"和"诚之"分别译作 truth 和 acquire truth,即"真实""达到真实性",在意义上更强调对客观事实的追寻。在辜鸿铭这位信奉儒家之道的文化学者看来,天道就是世间万物的真理,要想获取对这些真理的认知,必须有实事求是、诚挚求索的态度。一个真诚的人才是符合天道的人,可以自然而然地获取对世界的认知,顺其自然、合乎天道的人就是圣人,就是最接近真理的人。

4.3.2 注释的使用

理雅各和辜鸿铭都在译文中将大量的篇幅留给注释。前者的注释偏重学术性,后者的偏重文学性。笔者在这里分别对两个译本正文部分的几处注释加以分析,以进一步了解两位译者的翻译活动,以及其各自的主体性如何在译本中体现。

前文中已经提到,理雅各译本中的注释几近占去整个文本的二分之一,具体包括文本考证、作者生平考证和查阅书目列表的学术绪论,译文正文中对于原文的注解以及在著作末尾对各典籍中所出现人名和主题的注释。理雅各的注释更多地体现着一种严谨的学术风格,他力求将原文、原文背后的资料、原文涉及的知识以列表的方式一一向读者展示。他说:"我想对我整个的《中国经典》翻译和注解工作做一完整评估。可能一百个读者当中,九十九个会对长长的评论性注释丝毫也不在意;但是,第一百个读者将会发现这些所谓长长的注释其实一点也不长。就只为了这第一百个读者,我也应该将这些注释写出来。"❶

---

❶ LEGGE J. The chinese classics with a translation, critical and exegetical notes prolegomena, and copious indexes[M]. Oxford:Clarendon Press, 1893:45.

《中庸》第二十章是内容十分丰富的一章，不仅提出了"五达道""三达德""九经"的概念，还对"诚"字进行了深入的阐释。理雅各在章末添加了一个跨三页篇幅的注释，并拟小标题"'诚'与'知'的相互联系"，俨然是一篇小型学术论文。

　　首先，他总结道："第二十章开始全篇的新一部分内容，正如朱熹在评注中所写的那样，之后的内容将对本章十八句中的'诚'字展开进一步论述。这一章内容很大程度上是对古代圣贤的歌颂，但他们身上的崇高品格并不能为常人企及。"

　　然后，理雅各开始探索"诚"的含义："孔子通过举例，说明圣贤实现了人性的理想状态。这些圣贤身上的崇高品格使他们与天同高，这就是'诚'所指的意思。我们英语中没有一个词能与之完全对应。对于现在它所默认的意思，似乎中国人自己也说不清。"

　　之后，理雅各举出了中国历代文人学者对于"诚"字的理解，甚至参考了西方汉学家和传教士们的观点："宋朝的李邦直和徐仲车分别把它解释为'不欺'和'不息'，后有人称其为'无妄'，直到宋朝，朱熹才给出了一个完整的解释——'真实'。"他随后又举出法国汉学家阿贝尔·雷米扎、意大利传教士殷铎泽的观点，然后自己下结论："这个字主要的意思应该是心灵的朴实和专一，它指不受智慧缺陷和自私想法干扰情况下的一种向善，它只属于天地和圣贤。"

　　最后，他探索了"诚"与"知"的关系："人非圣贤，但是通过教导为善的智慧，也可以达到'诚'的高度。"注释展现了理雅各的翻译思路，他用这种方法让读者明白自己的翻译选择，更真实地展现出自己的翻译活动。❶

　　然而，受参考材料和个人学识所限，理氏对于典籍中部分字词的意思无法探究出有把握的结论。对此，他实事求是地用注释标注的方式向读者一一说明。第二十章第八节中阐述了"五达道""三达德"的概念，并以"所以

---

❶ LEGGE J. The chinese classics with a translation, critical and exegetical notes prolegomena, and copious indexes[M]. Oxford：Clarendon Press，1893：414.

行之者一也"结尾。理雅各就用注释的方式对尾句中"一"字的意思进行了说明:"根据孔颖达的解释,这句话的意思是'历朝帝王实行五达道、三达德所用的方法是一致的,这种方法古今不变',但这种解释不能令人满意,我们需要'一'字更实质性的解释。朱熹指出,'一'就是'诚',可'诚'字在后文才多次出现,在这里做映射,倒显得奇怪。我姑且把它译作'专一'。"❶

理氏的注释大多用来反映译文背后的选择背景,但有时也用作原文的相关知识链接,使不熟悉中国文化的英语读者在知识上明白译文所述。如第二十六章"今夫地一撮土之多,及其广厚载华岳而不重"之后,他就对"华岳"做了注释:"中国有五大名山,'岳'就是山的意思,其中西边的这一座就叫作华山。"❷这样的例子,不胜枚举,反映出理雅各严谨的治学态度和对中国文化执着的探索。

辜鸿铭的注释风格与理雅各完全不同,他直接回避了中国典籍在知识差异上给西方读者带来的困扰,而是从思想的角度直接阐发典籍中的哲理,并以与之对等的西方哲学观点作注解,说明西方的智慧早就存在于古代的中国,因此中国的传统思想是伟大的思想,毫不落后于西方思想。在辜译本中,歌德、卡莱尔、阿诺德、爱默生、莎士比亚、托尔斯泰、华兹华斯、奥维德,还有《圣经》,如同众星捧月般簇拥着中国圣人,唱和着儒家道德学说。

《中庸》第六章论述了舜"隐恶而扬善,执其两端,用其中于民"的智慧。他就在译文之后对莎士比亚和歌德的观点加以论述:"这里所体现出的舜的思想正与两位现代西方哲人——莎士比亚和歌德的思想不谋而合。在莎士比亚的戏剧中,没有人是绝对的坏人。一颗勇敢的英雄之心受到了仇恨的强烈驱使才做出了残忍之举,将自己带向了悲剧的边缘……这体现着莎士比亚伟大的智慧。"之后,他又举出歌德的观点:"邪恶的行为并不能体现邪恶

---

❶ LEGGE J. The chinese classics with a translation, critical and exegetical notes prolegomena, and copious indexes[M]. Oxford : Clarendon Press, 1893 : 406.

❷ LEGGE J. The chinese classics with a translation, critical and exegetical notes prolegomena, and copious indexes[M]. Oxford : Clarendon Press, 1893 : 419.

之心，它所反映的是一个发展不完整、不健全的本性。歌德曾说：'我们所称的人性中的邪恶其实只是一种不健全的发展，一种残缺和畸形——道德品质过高或者过低，并不是源于一种绝对的邪恶。'由此我们可以看出孔子在文中的见解是多么深刻、真实。"❶

这样的比较其实已经足够充分，但是辜鸿铭接着又引述了爱默生的话："一个人智慧与否在于他怀抱希望的程度。"并加上他自己的解说："这样说来，充满消极厌世主义对于一个人或者一个民族来说必然是一个不良迹象，是一种智慧的残缺与畸形。"❷

这一段话与原文本身已没有太大关系，是辜氏引用莎士比亚和歌德思想之后的一种个人发挥，但是他没有意识到这一点，而是找到了另一种方法任自己的思绪尽情发挥——附录A。位于文末的附录A是辜鸿铭对第六章注释的延伸。在长达四页的篇幅中，他描述了当今弥漫于西方社会的消极厌世主义，并找出其存在原因——只重数量不重质量的教育制度。他将西方的这种教育制度称为"半成品教育"，这种制度之下的人们冷漠、自傲，对道德约束毫无畏惧，他们挑起战争，进行"科学屠杀"，毫无道德秩序可言。他认为，当马丁·路德进行宗教改革，说拉丁语的真正绅士消失之后，这种教育就已经在欧洲开始了。如果要使教育健全，他们应该向古代中国或者日本德川幕府时期的教育制度学习，去培养真正遵守社会道德秩序和维护世界和平的"君子"和"养士"。❸

在剧烈变革的时代中，辜鸿铭在西方宣扬中国传统文化的良苦用心值得肯定。但将中国圣贤的思想与西方思想做过度比附，并在注释中大力推崇远在中国古代的思想又不免体现出他的文化保守主义立场和在翻译活动中的过度翻译倾向。

如在第八章"回之为人"译文之后，他将颜回与舜的性格做对比，称前

---

❶ KU H. The universal order or conduct of life [M]. Shanghai：Shanghai Mercury，1906：6.

❷ KU H. The universal order or conduct of life [M]. Shanghai：Shanghai Mercury，1906：7.

❸ KU H. The universal order or conduct of life [M]. Shanghai：Shanghai Mercury，1906：75.

者更重"道德、情感和宗教性"（moral, emotional or religious nature），后者更重"智力"（intellectual nature），恰似西方思想中的两支——"希伯来人精神"和"希腊人精神"。❶ 西方文化最重要的源头即希腊文化和希伯来文化，这是阿诺德的观点。阿诺德曾在《文化与无政府状态》中指出："我们的世界正是在希伯来精神和希腊精神这两种影响之间运动。某个时刻世界感到了其中一极更有力的吸引，另一时刻则感受到另一极的吸引力。世界应在两极之间完美和谐地实现平衡，尽管这从未实现过。"辜氏的比附明显是受到了阿诺德思想的影响，但是在这里的使用却并不贴切。原文在第六章描写了舜"隐恶扬善"，摈弃极端，从众人的生活之道中求得中庸之道，而在第八章中描述了颜回对中庸之道的恪守，彼此之间没有"智力"与"德性"的对比。在中庸思想中，"诚"者身上都具备"智""仁""勇"这"三达德"，舜与颜回都在文中作为榜样而兼具这三种品质，所以并没有形成"智力"和"德性"的二元对比。

理雅各的《中庸》译本追求字面层次的忠实，无论是译本的取名还是翻译正文部分，他都通过考据的方式对字词进行阐释。这样的翻译在字面层次上是极负责任的，但是并没有将这些文字背后的文化理解为一个有机的整体，因而在典籍的内涵把握和阐释上不尽如人意。但值得肯定的是，理氏的译文结构充分体现了他严谨的治学态度，他为读者提供了他每一个翻译选择之后的背景原因，因而为后世的学者提供了很好的研究基础。

辜鸿铭的《中庸》译本强调典籍的内在含义，并尝试站在西方读者的立场上以他们既知的西方文化来阐释中国典籍中的思想。他的语言极具文学性，并充分体现出典籍的哲学内涵。为了体现典籍的内在逻辑性和完整性，他不惜变换原文位置，求内在含义的统一。

通过本节对比可以看出，理雅各和辜鸿铭在《中庸》译本中不同的翻译选择分别体现在译本的取名、结构设置、文字风格和内在含义等方面。两位译者不同的选择背后是他们不同的能动性、受动性和为我性。简言之，其各自的主体性影响了他们在翻译活动中的选择。

---

❶ KU H. The universal order or conduct of life [M]. Shanghai：Shanghai Mercury，1906：14.

五、结论

本编试图通过研究两位译者的主体性,并对比分析两位译者笔下的译本,探究两个不同译本背后深层的译者主观原因。本编先从译者的能动性、受动性和为我性三个角度对理雅各和辜鸿铭的译者主体性进行了分析,然后通过列举翻译实例具体分析比较了两位译者在翻译活动中的主体性如何在其译文中得以体现。

第一,理雅各与辜鸿铭的译者能动性对其各自翻译活动造成了影响。译者的能动性包括译者的性格、文化观和语言文学能力等方面。理氏的性格较辜氏更为平和、温顺,他的译文注释用于记录自己翻译的选择思路,而好强的辜氏在注释中记录的则是他对于中西文化洋洋洒洒的评论。理氏站在西方传教士的文化立场,力求通过翻译对中国典籍进行探索,所以对典籍的理解和翻译极为谨慎,决不允许它冒犯《圣经》教义。而辜氏是站在中国文化的立场上,用自己的评论以及西方哲人的引语毫无保留地向西方世界传播中国传统文化。理雅各虽然赴中国之前在语法学校和神学院完成了学业,其英语文学能力还是在文学硕士辜鸿铭之下,其译文枯燥、呆板,而辜氏的译文则流畅优美,毫无译迹。

第二,理雅各与辜鸿铭的译者受动性对其各自翻译活动造成了影响。译者受动性包括译者的人生经历、所处的时代背景和所受教育背景等方面。理雅各出生于基督教家庭,从小在宗教学校学习,在他心中先入为主的基督教思想使得他不能开放地接受儒家伟大思想,在译文中也处处显示出基督教的至高与伟大。而辜鸿铭是从小接受西方教育的华人,他赴欧洲留学期间受到了浪漫主义文学的影响,从而开始向中国文化回归,在译文中对中国文化大加赞赏。19世纪的西方世界发展迅速,为在华传教士带来了一种文化优越感,因而理氏在译文的笔触上是平和的。相比之下,辜氏在译文附录中体现了一种在硝烟中捍卫中国文化的紧迫感,他用大段论述针砭西方世界的时弊,肯定中国的道德文化。

第三,理雅各与辜鸿铭的译者为我性对其各自翻译活动造成了影响。译者为我性包括翻译动机和目标读者等方面。理氏的翻译动机是探究中国人的思想,从而使传教士们更好地在中国履行他们的传教责任,其目标读者是西方传教士,因而他的译文注释详尽,还以传教士的立场对原文思想进行批判。而辜氏的翻译动机是捍卫中国文化,他的目标读者是能读懂英文的世界人民。因而他的译文重点强调原文的思想,还旁征博引西方哲人的话语,使西方读者从文化上认同中国典籍。

综上所述,理雅各与辜鸿铭译者主体性的不同,导致各自的译本在风格、内在含义把握等方面截然不同。所以不同的译者会根据自身主体性对同一文本的翻译作出不同的处理。因此,我们可以得出结论:译者主体性会对译者的翻译活动产生重要的影响。这种影响会直接体现在对译文内容和风格的选择上,从而影响着读者对译文的认同角度和程度。从中西交流的角度来看,译者对译文的主观性处理常常会影响到文化交流的真实程度与顺畅与否,翻译主体性是翻译行为中最为关键的影响因素之一。

在分析了理雅各和辜鸿铭翻译《中庸》过程中的主体性因素之后,有两点启示值得翻译工作者和翻译研究者借鉴:

(1)译者主体性与责任感。翻译者必须对译者主体性有清醒的意识,具备充分的语言和跨文化能力才能做好翻译工作。即使最忠实于原文和原文作者的译者在翻译过程中也会做主体性判断,尤其是人文社科类翻译,其阐释过程必然会反映译者的认知与选择。只有翻译者意识到作为译者的责任与使命,并为之而努力提高翻译水平,才有可能译成负责任的译文,达到译者翻译的终极目的。

(2)译者主体性是翻译研究的一个重要领域。虽然"译者隐形"理论有其合理性,然而从翻译现实考虑,译者作为信息传递者必然会留下"显形"的痕迹。从人文角度研究翻译,译者是翻译的主体实施者;对译者本人及其所处社会环境的考察,是研究翻译行为的重要环节。抛开译者主体性而单纯研究译文手法和文字效果,固然可以取得一定意义上的研究成果,而把原文作者和原文、译者和译文、翻译环境、读者接受度等诸因素结合起来考量的研究,更能真实全面地反映一部译作从产生到传播的完整过程。

翻译是一项求全责备的事业,真正优秀的译作需要译者本身具备足够的知识和才华,投入大量的心血才能完成。理雅各和辜鸿铭这两位学者型翻译家,以他们各自的卓越才能完成了《中庸》的翻译,所见不同,却能殊途同归,以各自的阐释方式推动了儒学在西方的传播,也给翻译者们树立了典范。在世界文化交流日益频繁的今天,中国典籍英译任重而道远,需要一代代有责任感的翻译者把这个任务传承下去。唯有如此,中国文化才能走向世界,也让我们在世界眼光中反观自己,推陈出新,把传统与现代性结合起来,把我国建设成一个世界性的文化强国。

参考文献

[1] BERMAN A. Pour une critique des traductions:John Donne[M]. Paris:Gallimard,1995.

[2] GIRARDOT N J. The victorian translation of China:James Legge's oriental pilgrimage[M]. Oakland:University of California Press,2002.

[3] KU H. The discourses and sayings of confucius:a new special translation,illustrated with quotations from Goethe and other writers[M]. Shanghai:Kelly & Walsh,1898.

[4] KU H. The universal order or conduct of life[M]. Shanghai:Shanghai Mercury,1906.

[5] LEFEVERE A. Translation,rewriting,and the manipulation of literary fame[M]. London:Routledge,1992.

[6] LEFEVERE A. Introduction:comparative literature and translation[J]. Comparative Literature,1995,47(1):1-10.

[7] LEGGE H E. James Legge:missionary and scholar[M]. London:The Religious Tract Society,1905.

[8] LEGGE J. The chinese classics with a translation,critical and exegetical notes prolegomena,and copious indexes[M]. Oxford:Clarendon Press,1893.

[9] LEGGE J. The religions of China:confucianism and tâoism described and compared with christianity[M]. New York:Charles Scribner's Sons,1881.

[10] LEGGE J. The notions of the chinese concerning God and spirits[M]. Hong Kong:Hong Kong Register,1852.

［11］LEGGE J. Confucianism in relation to christianity［M］. Shanghai：Kelly and Walsh，1887.

［12］陈可培，刘红新．理雅各研究综述［J］．上海翻译，2008（2）：18-22.

［13］丁莉．从译者主体性角度看辜鸿铭的儒经翻译［D］．成都：西南财经大学，2009.

［14］段怀清．理雅各与维多利亚时代的英国汉学：评吉瑞德教授的《维多利亚时代中国古代经典英译：理雅各的东方朝圣之旅》［J］．国外社会科学，2006（1）：81-83.

［15］段怀清．论辜鸿铭与五四新文学［J］．浙江大学学报（人文社会科学版），2009（1）：51-59.

［16］段怀清．理雅各《中国经典》翻译缘起及体例考略［J］．浙江大学学报（人文社会科学版），2005，35（3）：91-98.

［17］高宁．论译者的主体性地位（三）：兼论翻译标准的设立原则［J］．日语知识，1997（8）：51-52.

［18］葛校琴．后现代语境下的译者主体性研究［M］．上海：上海译文出版社，2006.

［19］辜鸿铭．辜鸿铭文集［M］．黄兴涛，等译．海口：海南出版社，1996.

［20］何立芳．理雅各英译中国经典目的与策略研究［J］．国外理论动态，2008（8）：68-71.

［21］胡庚申．从"译者主体"到"译者中心"［J］．中国翻译，2004，25（3）：10-16.

［22］黄碧蓉．"译"与"传"：辜鸿铭儒经翻译论［J］．外语学刊，2016（3）：102-106.

［23］黄兴涛．旷世怪杰：名人笔下的辜鸿铭，辜鸿铭笔下的名人［M］．上海：东方出版中心，1998.

［24］黄兴涛．文化怪杰辜鸿铭［M］．北京：中华书局，1995.

［25］吉瑞德．朝觐东方：理雅各评传［M］．段怀清，周俐玲，译．桂林：广西师范大学出版社，2011.

［26］姜克．辜鸿铭传［M］．合肥：安徽文艺出版社，1993.

［27］卡莱尔．英雄和英雄崇拜：卡莱尔讲演集［M］．张峰，吕霞，译．上海：上海三联书店，1988.

［28］孔庆茂．辜鸿铭评传［M］．南昌：百花洲文艺出版社，1996.

[29] 李启谦.子思及《中庸》研究[J].孔子研究,1993(4):35–44.

[30] 李玉刚.狂士怪杰:辜鸿铭别传[M].北京:华夏出版社,1999.

[31] 李玉龙.用归化的策略英译中国古代道德观和价值观:以辜鸿铭《中庸》译本为例[J].西江月,2013(9):234.

[32] 林语堂.有不为斋随笔:辜鸿铭[J].人间世,1934(12):18.

[33] 刘中树.1978—2008年辜鸿铭研究述评[J].吉林大学社会科学学报,2008(6):79–86.

[34] 穆雷,诗怡.翻译主体的"发现"与研究:兼评中国翻译家研究[J].中国翻译,2003(1):12–18.

[35] 乔飞鸟.《中庸》英译本比较研究:以理雅各、辜鸿铭、陈荣捷译本为例[D].济南:山东大学,2012.

[36] 钱满素.爱默生和中国:对个人主义的反思[M].北京:生活·读书·新知三联书店,1996.

[37] 钱穆.四书释义[M].北京:九州出版社,2010.

[38] 钱艳.文化过滤视角下《中庸》两英译本比较研究[D].重庆:重庆大学,2013.

[39] 史敏.辜鸿铭研究述评[J].烟台师范学院学报(哲学社会科学版),2003(1):54–60.

[40] 宋晓春.阐释人类学视阈下的《中庸》英译研究[D].长沙:湖南师范大学,2014.

[41] 田怡俊,包通法.辜鸿铭译者文化身份与翻译思想初探[J].上海翻译,2010(1):61–65.

[42] 王国维.书辜氏汤生英译《中庸》后[J].学衡,1925(43).

[43] 王辉.后殖民视域下的辜鸿铭《中庸》译本[J].解放军外国语学院学报,2007(1):62–68.

[44] 王辉.理雅各《中庸》译本与传教士东方主义[J].孔子研究,2008(5):103–114.

[45] 王辉.理雅各英译儒经的特色与得失[J].深圳大学学报(人文社会科学版),2003,20(4):115–120.

[46] 王辉.理雅各与《中国经典》[J].中国翻译,2003,24(2):37–41.

[47] 王辉. 辜鸿铭英译儒经的文化用心：兼评王国维"书辜氏汤生英译《中庸》后"[J]. 外国语言文学，2006（3）：186–191.

[48] 王勇. 辜鸿铭及其儒经翻译：从辜鸿铭儒经翻译的动因看其翻译策略[J]. 湖北函授大学学报，2007（4）：73–74.

[49] 王玉樑. 论主体性的基本内涵与特点[J]. 天府新论，1995（6）：34–38.

[50] 魏小萍. "主体性"涵义辨析[J]. 哲学研究，1998（2）：22–28.

[51] 谢天振. 译介学[M]. 上海：上海外语教育出版社，1999.

[52] 谢天振. 翻译文学：争取承认的文学[J]. 中国翻译，1992（1）：19–22.

[53] 谢天振. 论文学翻译的创造性叛逆[J]. 外国语（上海外国语大学学报），1992（1）：30–37.

[54] 许钧. "创造性叛逆"和翻译主体性的确立[J]. 中国翻译，2003（1）：6–11.

[55] 许钧. 文化"差异"与翻译[J]. 中国比较文学，1997（1）：67–78.

[56] 许钧. 翻译思考录[M]. 武汉：湖北教育出版社，1998.

[57] 杨武能. 阐释、接受与再创造的循环：文学翻译断想[J]. 中国翻译，1987（6）：3–6.

[58] 袁莉. 也谈文学翻译之主体意识[J]. 中国翻译，1996（3）：4–8.

[59] 袁莉. 关于翻译主体研究的构想[M]// 张柏然，许钧. 面向二十一世纪的译学研究. 北京：商务印书馆，2002.

[60] 岳峰. 架设东西方的桥梁：英国汉学家理雅各研究[M]. 福州：福建人民出版社，2004.

[61] 岳峰. 沟通东西方的桥梁：记英国传教士理雅各[J]. 世界宗教文化，2004（1）：10–11.

[62] 岳峰，余俊英. 理雅各翻译中国古经的宗教融合倾向[J]. 西安外国语大学学报，2017，25（2）：103–109.

[63] 查明建，田雨. 论译者主体性：从译者文化地位的边缘化谈起[J]. 中国翻译，2003，24（1）：19–24.

[64] 张柏然，许钧. 面向21世纪的译学研究[M]. 北京：商务印书馆，2002.

[65] 赵常玲，何伟. 功能语境视角下的《中庸》英译比较研究[J]. 西安外国语大学学报，2016，24（4）：113–117.

[66] 兆文钧. 辜鸿铭先生对我讲述的往事[M]//《文史资料选辑》编辑部. 文史资料选辑：第八辑. 北京：中国文史出版社，1986.

[67] 赵尔巽. 清史稿[M]. 北京：中华书局，1977.

[68] 朱熹. 四书章句集注[M]. 北京：中华书局，1983.

第二编

如何用译本讲故事：
古典小说英译比较

第一章 假作真时真亦假：杨宪益与霍克斯笔下的《红楼梦》译本比较

一、《红楼梦》概述

《红楼梦》是一部极具艺术高度的古典文学名著，被誉为中国最具文学成就的古典小说及章回小说的巅峰之作，被冠以"中国四大名著之首"的美誉。它以宝黛钗的爱情为主线，描写了贾、史、王、薛四大家族的兴衰史，极其真实、生动地描写了18世纪上半叶中国封建社会末期的生活全景，是这段历史生活的缩影。《红楼梦》包罗了中国封建社会的物质文化、制度文化、精神文化这三个基本层面，是对整个中国古代文化的回顾、总结、浓缩和艺术表现，是中国封建社会生活文化的集大成者。

书中关于中国传统文化的衣着服饰、烹饪美食、园林建筑、中医养生、民俗民情、诗词歌赋、楹联匾额、酒令灯谜、道教佛学等方面的文字描写令人叹为观止，堪称中国传统文化的百科全书。清代学者王希廉曾评价说："一部书中……可谓包罗万象，囊括无遗，岂是别部小说，所能望其项背？"❶自问世以来，《红楼梦》一直以其瑰丽多彩的语言文字和博大精深的文化内涵吸引着国内外读者。

该书内容庞杂渊博，吸引着中外学者竞相研究，从而产生了一门以研究《红楼梦》为主题的学科，称为"红学"。红学，横跨文学、哲学、史学、经济学、心理学、中医药学、园林建筑学、民俗学等多个学科，与甲骨学、敦煌学并称中国20世纪三大显学。红学具有高关注度、高吸引度、高参与度的特点，其在国际上的热度堪与"莎学"（莎士比亚学）比肩。

---

❶ 曹雪芹，高鹗.红楼梦：三家评本[M].上海：上海古籍出版社，1988：8-16.

《红楼梦》的翻译史已有二百多年，有史料记载的首个译本诞生于公元1800年前后，是韩文和中文对照全译抄本"乐善斋本"。如今，《红楼梦》已经被译成英、法、日、韩、俄、德等二十多种文字，仅从已知版本数看，世界上已有上百种《红楼梦》译本，有摘译、改译、全译三种形式，其中全译本就有二十多种，主要为日文、韩文译本。《红楼梦》的英语译介版本也有十几个之多，其中全译本有三个：杨宪益和戴乃迭伉俪译本、霍克斯和闵福德翁婿译本，以及邦斯尔神父译本。

二、《红楼梦》英译简介

2.1 《红楼梦》英译历史及主要版本简介

学界普遍认为英国汉学家、驻华外交官德庇时（John Francis Davis）是用英语译介《红楼梦》的第一人，他在其发表的《汉文诗解》中引用、讲解了两首《西江月》，并指出"以下引文来自一部名为《红楼梦》的小说，是对一位中国年轻浪子的诗体描述。（The following quotation from a novel called 'The Dreams of the Red Chamber' is rather a poetical account of a young Chinese profligate.）"❶虽然德庇时似乎对《红楼梦》知之甚少，亦兴趣不大，而且其翻译的底本也是当时坊间流传的低劣版本，词中有严重的错误，但是，由于他是19世纪英国"领事馆汉学家"的代表人物，是"英国皇家学会会员"，他的作品有相当大的影响力。

英国驻宁波首任领事罗伯聃（Robert Thom）于1846年出版《正音撮要》（The Chinese Speaker），书中附录了《红楼梦》第六回《贾宝玉初试云雨情 刘姥姥一进荣国府》的片段及英译。此译本是英国人学习汉语的语言材料。其译文以"行间翻译"排版刊印，即一行马礼逊拼音一行译文，尽量逐字翻译，以帮助汉语学习者理解原文中汉字的意思。

罗伯聃之后，又有两名驻华外交官员节译了《红楼梦》：鲍拉（Edward

---

❶ DAVIS J F. On the Poetry of the Chinese[J/OL]. Transactions of the Royal Asiatic Society of Great Britain and Ireland，1829，2（1）：440-441 [2018-08-28]. https：//www.jstor.org/stable/25563438.

Charles Bowra）翻译了前八回，乔利（Bencraft Joly）翻译了前五十六回。他们的翻译目的也是为驻华英国人的语言学习服务。其中，乔利的译本（出版于 1892 年到 1893 年）名为 "*Hung Lou Meng, or, The Dream of the Red Chamber*"，非常忠实于原文。吴宓曾评价其译文："系逐句直译，虽无精彩，而力求密合原文，无所删汰。"❶ 为了保持原文的语序和准确的内容，乔利常常把增加的词放入括号中，如 the falling red（flowers）have formed a heap（落红成阵）。乔利的《红楼梦》译本是"第一个带有真正的全译性质"❷ 的英译本。首先，其译本从篇幅上较此前的译本有很大的突破，且不再是任意的节译、摘译；其次，该译本是以英语翻译小说的形式单本发行的，内容精确，行文流畅，受到当时驻华英国侨民的喜爱，成为他们休闲消遣和了解中国文化的重要文本。

1901 年，英国著名汉学家翟理斯（Herbert Allen Giles，1845—1935）出版了《中国文学史》，书中用了较大的篇幅对《红楼梦》进行译介、评述。虽然文中不乏理解错误和情节张冠李戴之处，但翟理斯的译介标志着《红楼梦》成了英美汉学家学术研究的对象。

20 世纪，美国出版了四个译本，分别由王良志（1927 年出版）、王际真（1929 年出版，1958 年增订再版）和麦克休姐妹（Florence & Isabel McHugh，1958 年出版）翻译。王良志是纽约大学中国古典文学教师；王际真是哥伦比亚大学中文教授。他们译本的共同特点是：为了迎合当时美国读者对中国古代传奇小说和异国情调生活的猎奇心理，按美国出版商的要求把这本皇皇巨著简化成了宝黛爱情故事。阿瑟·韦利在为王际真译本作序时不吝赞赏之辞："译文准确，改编巧妙。"王际真的译本在很长时间内一直是英美最为流行的《红楼梦》版本，在西方颇受推崇，为《红楼梦》在西方的传播起到了积极的推动作用。1958 年增订再版时，该译本由原来的三十九章增加到六十章。

---

❶ 余生（吴宓）.王际真英译节本《红楼梦》述评[J].大公报（文学副刊），1929（75）.

❷ 王金波.乔利《红楼梦》英译本的底本考证[J].明清小说研究，2007（1）：277-287.

1958 年，麦克休姐妹根据著名汉学家库恩（Franz Kuhn）的德译本转译了《红楼梦》。该译本语言流畅，可读性佳，但邦斯尔认为它"倾向于解释而非翻译"，因为库恩的德语译本也只是 translated and adapted from the Chinese。❶

同一年内两个不同译本在美国出版，这说明《红楼梦》开始受到美国学界的关注。

20 世纪 50 年代，英国传教士布拉姆韦尔·西顿·邦斯尔神父（the Reverend Bramwell Seaton Bonsall，1886—1968，中文名彭寿）完成了《红楼梦》一百二十回的英译，但由于种种原因未能出版面世。该译本是已知最早的《红楼梦》英译全译本。该译本半个多世纪以来一直不为世人知晓，2004 年 7 月，香港大学图书馆在其主页以电子版本的形式发布了邦斯尔神父《红楼梦》英译本的完整打字机打印修订稿，其英译书名为 The Red Chamber Dream。至此，该译本方为世人所知。

20 世纪 70 年代一直被认为是《红楼梦》英译成果丰硕的时代。1973—1980 年，由英国汉学家大卫·霍克斯（David Hawkes）和约翰·闵福德（John Minford）翁婿合作完成的《红楼梦》英文全译本由英国企鹅出版社出版，并被列为企鹅经典丛书。书名为 The Story of the Stone。该译本自问世之日起一直被视为第一个英译全译本。霍克斯治学态度严谨，被称为红学家，其译本语言晓畅优美，被读者和红学研究者奉为经典。

1978—1979 年，北京外文出版社出版了由中国翻译家杨宪益和其英裔夫人戴乃迭合译的《红楼梦》一百二十回全本，书名译为 A Dream of Red Mansions。杨戴译本对中国文化有更准确的理解，并尽可能在译文中再现博大精深的中国文化。

2.2 本章所选版本译者简介

2.2.1 杨宪益和戴乃迭

杨宪益（1915—2009），祖籍淮安盱眙（今属江苏省淮安市），是中国著

---

❶ MCHUGH F, MCHUGH I. The dream of the red chamber[M]. New York: Pantheon Books, 1958：出版信息页.

名翻译家、外国文学研究专家、诗人。1934 年在天津英国教会学校新学书院毕业后到英国牛津大学墨顿学院研究古希腊罗马文学、中古法国文学及英国文学。回国后先后在重庆大学、贵州师范大学和成都光华大学任教。

1953 年，杨宪益调任北京外文出版社翻译专家，与夫人戴乃迭合作，翻译了大量中国经典古籍，包括《离骚》《史记选》《魏晋南北朝小说选》《唐代传奇选》《宋明平话选》《关汉卿杂剧选》《聊斋选》、全本《儒林外史》、全本《红楼梦》等。这些译本在国内外皆获得好评，影响广泛。

20 世纪 60 年代初，应外文出版社之邀，杨宪益和戴乃迭夫妇开始翻译《红楼梦》，其间曾一度中断，后于 1974 年最终完成。1978—1980 年，外文出版社分三卷出版该书，书名译为 *A Dream of Red Mansions*。

戴乃迭（Gladys Yang，1919—1999），香港中国文学出版社英籍专家、享誉世界的翻译家和中外文化交流活动家。1919 年生于北京一个英国传教士家庭，七岁时返回英国。1937 年戴乃迭考入牛津大学，最初学习法语语言文学，后因结识杨宪益而转攻中国语言文学，1940 年与杨宪益结为夫妻，从此定居中国。1954 年，戴乃迭调至《中国文学》杂志社工作，翻译了沈从文的《边城及其他》《湘西散记》，张洁的《沉重的翅膀》，古华的《芙蓉镇》等中国现当代优秀文学作品，为中国文学在世界的传播作出了卓越的贡献。

2.2.2 霍克斯和闵福德

大卫·霍克斯（David Hawkes，1923—2009），著名汉学家、翻译家。他汉文功底深厚，能用中文写旧体诗。1945—1947 年于牛津大学研读中文，1948—1951 年为北京大学研究生。1959 年，三十六岁的霍克斯发表了《楚辞》英文版（*Ch'u Tz'u: the Songs of the South, an Ancient Chinese Anthology*）。他翻译的《杜诗初阶》（*A Little Primer of Tu Fu*）极具权威。1959 年，他成为牛津大学中文系教授。在牛津大学任职期间，他主编牛津东亚文学丛书，出版英文本的《刘知远诸宫调》《李贺诗集》《中国汉魏晋南北朝诗集》《战国策》《陶潜诗集》等，成为西方了解中国古代文学的重要窗口。

在 20 世纪 50 年代之前，中国最伟大的小说《红楼梦》只有英文摘译版和节译版，且翻译质量堪忧。在好友红学专家吴世昌的鼓励下，霍克斯着手准备《红楼梦》的翻译工作。1970 年，他抓住与企鹅出版社合作的机会，全面启动了《红楼梦》一百二十回的全本翻译工作。1971 年为专心致力于《红楼梦》的翻译，他甚至辞去了牛津大学中文系主任一职，此举震惊国际汉学界。

霍克斯用了十年的时间，翻译了前八十回，分别在 1973 年、1977 年、1980 年出版了英文版《红楼梦》(*The Story of the Stone*) 第一至第三分册。后四十回，由霍克斯的女婿汉学家闵福德完成。因为霍克斯认为，《红楼梦》前八十回和后四十回分别由不同的作者创作，文笔风格必然存在差异，不同的译者也会在译文中折射出不同的笔调。

霍克斯和闵福德译本被西方世界称为《红楼梦》的第一部英文全译本。一经出版，好评如潮，译本文字精确优美，曲尽其妙，诗词、谜语的翻译也境界全出，被誉为典范之作。

闵福德（John Minford，1946— ），英国著名汉学家、文学翻译家。1946 年，闵福德出生在伯明翰一个外交世家，长期接触异域文化。他毕业于牛津大学中文系，后在澳大利亚国立大学获得博士学位。他曾在中国内地、香港和新西兰的大学任教，担任过奥克兰大学中文系主任，澳大利亚国立大学中韩研究中心主任、亚洲研究项目成员。闵福德与恩师兼岳父霍克斯共同翻译了中国名著《红楼梦》，负责后四十回的翻译，于 1982 年和 1986 年出版该书第四和第五分册。

其他主要译作还有：《鹿鼎记》(*The Deer and the Cauldron: A Martial Arts Novel*)、《孙子兵法》(*Sunzi: The Art of War*)、《聊斋志异》(*Strange Tales from a Chinese Studio*)、《易经》(*The I Ching: Book of Changes*)。

三、译本对比

3.1 翻译底本选择

因"曹雪芹于悼红轩中披阅十载、增删五次"❶，《红楼梦》的稿本就有五个之多，加之尚在创作之中坊间就已有抄本开始流传，而各个稿本可能相互

---

❶ 曹雪芹. 石头记（有正本）[M/OL]. [2018-08-28]. http：//www.myhonglou.com/honglou/bb/yzb/yzbmml. htm.

混杂,从而产生更多不同的抄本。抄本中再出现误抄讹传,各版本"繁简歧出,前后错见,……此有彼无,题同文异,燕石莫辨"的现象就在所难免。学术界把现存的《红楼梦》所有版本分成了以手抄本为代表的脂评本系列和以印刷本为代表的程高本系列。

原著版本纷杂,译者首先要精心选择翻译所依的底本。对于翻译研究而言,明确译者所依的底本是翻译研究的基本前提。如若翻译研究者所使用的版本与译者底本不一致,并由此批评译者有诸多的漏译、误译,这显然是有失公允的。

3.1.1 杨宪益版《红楼梦》翻译底本

在杨宪益版《红楼梦》英译本第一册卷首的"出版说明"中说明了翻译所用底本:

> The present translation is that of the Youzheng large type version carrying the preface by Qi Liaosheng for the first 80 chapters, and the last 40 chapters are those of the revised "second Cheng" version published by the People's Literature Publishing House in 1974. Amendments and supplements have been made with reference to other versions of the novel.❶

这份"出版说明"应该说相当具有权威,也就成了诸多研究者的指南。然而,身为该译本的审阅者和校正者的红学专家吴世昌却发文说译本前八十回依据北京大学图书馆珍藏的抄本脂京本,后四十回依据程甲本❷,即1791年初排本。脂京本即《脂砚斋重评石头记》(庚辰本)❸。

杨宪益版《红楼梦》翻译底本的问题也有人研究过。李晶在《杨宪益、

---

❶ TSAO H C, KAO N. A dream of red mansions: Vol. Ⅰ [M]. Beijing: Foreign Languages Press, 2010: xiii-xiv.

❷ 曹雪芹, 高鹗. 红楼梦 [M]. 北京: 中华书局, 2005. 此版本是以北京师范大学图书馆所藏程甲本为底本进行整理的。

❸ 曹雪芹. 脂砚斋重评石头记庚辰本(影印本)[EB/OL]. [2018-08-28]. http://www.myhonglou.com/honglou/bb/gengcb/gcbml.htm.

戴乃迭的〈红楼梦〉英译底本研究初探》一文中得出如下结论：前八十回的回目，多数依据有正本，少数以庚辰本为据。而庚辰本缺失的内容，有些依据有正本，有些根据程甲本补足。在有正本与程甲本出现歧义的时候，译者选择的底本也或此或彼，不可一概而论。

究竟谁的说法是可信的呢？

杨宪益在选择翻译底本时对原著多个本子进行了研究，相互补益，但一定有一个主要的底本。究竟是哪个本子，尚需仔细研究。

首先，从前八十回的回目翻译来看，当各个本子回目名存在差异时，杨宪益绝大多数时候是依据有正本，偶尔依据程甲本。

第五回有五版不同回目名，上文所述四个版本（有正本、庚辰本、程甲本和程乙本❶）回目名及杨译本如下：

【有正本】灵石迷性难解仙机 警幻多情密垂淫训
【庚辰本】游幻境指迷十二钗 饮仙醪曲演红楼梦
【程甲本、程乙本】贾宝玉神游太虚境 警幻仙曲演红楼梦
【杨译本】The Spiritual Stone Is Too Bemused to Grasp the Fairy's Riddles
　　The Goddess of Disenchantment in Her Kindness Secretly Expounds on Love

显然，杨译本是依据有正本翻译的。

第七回有四版不同回目名，庚辰本和程甲本回目名同为"送宫花贾琏戏熙凤 宴宁府宝玉会秦钟"，独有正本是"尤氏女独请王熙凤 贾宝玉初会秦鲸卿"，而杨译本正是依此译为：

　　Madam You Invites Xifeng Alone
　　At a Feast in the Ning Mansion Baoyu First Meets Qin Zhong

---

❶ 程甲本和程乙本回目几乎一致，本章所选回目，如无注明，即为一致。

第八回的回目名差异较大，各版本及杨译本分别为：

【有正本】拦酒兴李奶母讨厌　掷茶杯贾公子生嗔
【庚辰本】比通灵金莺微露意　探宝钗黛玉半含酸
【程甲本】贾宝玉奇缘识金锁　薛宝钗巧合认通灵
【杨译本】Nanny Li Makes a Nuisance of Herself by Warning Against Drinking
Baoyu Breaks a Teacup and Flies into a Temper

杨译本是对有正本的直译。

此外，回目名不同时，明显从有正本翻译的回目还有：第十七回、第十八回、第二十九回、第三十回、第四十九回、第五十六回、第六十五回、第六十七回。这种情况占绝大多数，由此可见，回目翻译的主要底本是有正本，但偶尔也会参照程甲本。如：第三回、第五十回、第七十四回、第八十回。

第三回各版本间有七版不同回目名，有些只是只字之差，有些却差异较大。有正本、庚辰本、程甲本及杨译本为：

【有正本】托内兄如海酬训教　接外孙贾母惜孤女
【庚辰本】贾雨村夤缘复旧职　林黛玉抛父进都京
【程甲本】托内兄如海荐西宾　接外孙贾母惜孤女
【杨译本】Lin Ruhai Recommends a Tutor to His Brother-in-Law
The Lady Dowager Sends for Her Motherless Grand-Daughter

对照后可知，杨宪益翻译的是程甲本回目。

我们不能仅仅据此就断定有正本是杨译本的底本。杨宪益之所以在回目翻译时更多依据的是有正本，可能是因为庚辰本本身回目存在诸多问题：第十七回和第十八回共用一个回目名——"大观园试才题对额　荣国府归省庆元宵"；第十九回无回目，第六十四回和第六十七回缺失，第八十回无回目。

回目的文字数量有限，各本之间的对比研究借鉴较为容易，要确定翻译的底本，主要还是要研究各回的文本，尤其要从大同小异的细微处入手。一些无关要旨、不涉及逻辑文理或前后文内容一致的细节，能最忠实地照见译者最主要底本的模样。

试看第一回。

【有正本】且鬟婢开口，即者也之乎，非文即理。故逐一看去，悉皆自相矛盾，大不近情理之说。

【庚辰本】且鬟婢开口，即者也之乎，非文即理。故逐一看去，悉皆自相矛盾，大不近情理之话。

【程甲本】更可厌者，"之乎者也"，非理即文，不大近情，自相矛盾。

【杨译本】... and makes even the slave girls talk pedantic nonsense. So all these novels are full of contradictions and absurdly unnatural.

【有正本、庚辰本】那僧笑道："此事说来好笑，竟是千古未闻的罕事。……"

【程甲本】那僧道："此事说来好笑。……" ❶

【杨译本】"It's an amusing story." The monk smiled. "You've never heard anything like it.

由上两例可见，杨宪益选择的主要底本不是程甲本，而是脂评本。那么，究竟是脂评本系列中的有正本还是庚辰本呢？再看两例。

【有正本】近日这神瑛使者凡心偶炽，……

【庚辰本】恰近日这神瑛侍者凡心偶炽，……

---

❶ 程甲本中没有"竟是千古未闻的罕事"。

【程甲本】无此句。

【杨译本】Just then, as it happened, Shen Ying was seized with a longing to assume human form and visit the world of men.

此处直译即可，as it happened，杨宪益清清楚楚地译出了"恰"字，可见其所依底本当为庚辰本。

【有正本】士隐接了看时，原来是块美玉，……

【庚辰本】士隐接了看时，原来是块鲜明美玉，……

【杨译本】With that he produced a beautiful piece of translucent jade and handed it to Shiyin.

形容词 translucent 也说明底本为庚辰本。

综上所述，杨宪益在翻译《红楼梦》前八十回时，主要的底本是庚辰本，偶尔会参照有正本或程甲本。

3.1.2 霍克斯版《红楼梦》翻译底本

霍克斯译本往往被认为更具严谨的学术精神，他在前言中就清晰地记录了翻译底本的选择。

This translation, though occasionally following the text of one or other of the manuscripts in the first eighty chapters, will nevertheless be a translation of the whole 120 chapters of the Gao E edition. ❶

In translating the novel, I have felt unable to stick faithfully to any single text. I have mainly followed Gao E's version of the first chapter as being more consistent, though less interesting, than the other ones; but I have frequently followed a manuscript reading in subsequent chapters,

---

❶ CAO X Q. The story of the stone：Vol. Ⅰ [M]. London：Penguin Books, 1973：18.

and in a few rare instances I have made small emendations of my own.❶

霍克斯对原著版本的选择、拼接乃至擅自改动，其所依据的主要原则是：故事的情节性，即故事情节前后一致，不自相矛盾。显然，他的这一选择是由其翻译目的所支配的。

3.2 书名的翻译

杨宪益、戴乃迭对《红楼梦》书名的翻译经过了反复推敲。最初在翻译鲁迅的《中国小说史略》中"红楼梦"一节时，译为 *Tale of a Rock* 与 *A Dream of Red Mansions*❷。后在《中国文学》英文版中又改译为 *A Dream of Red Chamber*❸，最后《红楼梦》全译本定名为 *A Dream of Red Mansions*。

霍克斯在译本的前言中也详细地论述了书名翻译是如何定题的。他列述了原著中拟用的五个题名的翻译。

1. *Shitouji*（*The Story of the Stone*）
2. *Qing seng lu*（*The Passionate Monk's Tale*）
3. *Fengyue baojian*（*A Mirror for the Romantic*）
4. *Hong lou meng*（*A Dream of Red Mansions*）
5. *Jinling shier chai*（*Twelve Young Ladies of Jinling*）❹

霍克斯知道高鹗版所用的《红楼梦》是中国人更熟知的书名，他自己也推测，精通汤显祖戏剧的曹雪芹可能也会倾向于《红楼梦》一名。然而他却采用了脂砚斋的《石头记》一名，译为 *The Story of the Stone*，究其原因，主要是以下两点。

其一，《红楼梦》一名译成英、法、德、意、俄等语言后都会有一定的

---

❶ CAO X Q. The story of the stone：Vol. Ⅰ[M]. London：Penguin Books，1973：45—46.

❷ LU H. A brief history of chinese fiction[M]. Beijing：Foreign Language Press，1976：282—300.

❸ 参见 *Chinese Literature*，1964 年第 6—8 期，1974 年第 5 期，1977 年第 11 期。这几期杂志上发表的杨宪益、戴乃迭《红楼梦》英译片段，题目均为 *A Dream of Red Chamber*。从 1977 年第 12 期的《红楼梦》英译片段开始，才改为 *A Dream of Red Mansions*。

❹ CAO X Q. The story of the stone：Vol. Ⅰ[M]. London：Penguin Books，1973：18—19.

歧义——一个美人卧于深红色的房间里。这会让人浮想联翩，可这不是中文的意思，在中文里"红楼"是宫墙庙宇，是侯门望族的闺阁。

其二，红色在中文中具有丰富的文化内涵，而英文中的"红"却完全不具有这样的意思。霍克斯认为中文的"红"类似于英文的 golds or greens，因此，虽然他深知这样的改译会有很大的损失，但考虑到读者的"期待视域"却不得已而为之。霍克斯为译本定名的思虑过程充分展现出译者的主体性作用，体现出译者在此取舍中更加接近译文读者的趋向。

3.3 出版背景和翻译目的

翻译目的论（Skopos theory）是功能主义学派的核心理论。德国译论家汉斯·维尔梅尔（Hans Vermeer）指出：翻译是一项人类活动，而且和其他活动一样具有目的性。任何形式的翻译行为，包括翻译本身，应该被看作一种行为。任何行为应该有一个目标或是目的。❶ 此后，克里斯蒂安·诺德（Christiane Nord）进一步完善了该理论，引入了"功能加忠诚"理论❷，既充分肯定译者主体性之为我性，又以其受动性来约束之。

翻译目的论有三大原则：①目的原则，即目的决定策略；②连贯原则，由译者产生的信息必须能够用与目标接受者情景相连贯的方式来解释；③忠实原则，译文必须与原文保持一定关系。❸ 此三原则中，连贯原则和忠实原则都从属于目的原则。译者在既定目的指导下，调动各种能力、采用不同策略来解决翻译中的各种困难。在传统翻译理论中被奉为圭臬的忠实原则也常常要服从于目的原则。

霍克斯是受到《红楼梦》文学魅力的感染后开始自发翻译该书的，并且是他利用自己的影响力说服企鹅出版集团在"企鹅经典系列"下出版《红楼梦》英译本。霍克斯的翻译目的就是把自己读中文版《红楼梦》时感受到的

---

❶ NORD C. Translating as a purposeful activity：functionalist approaches explained[M]. Shanghai：Shanghai Foreign Language Education Press，2001：12.

❷ NORD C. Translating as a purposeful activity：functionalist approaches explained[M]. Shanghai：Shanghai Foreign Language Education Press，2001：125.

❸ SHUTTLEWORTH M，COWIE M. Dictionary of translation studies[M]. Shanghai：Shanghai Foreign Language Education Press，2004：19.

文学魅力和享受传达给目的语读者。可见，介绍多彩的异域文化并非他的翻译主旨。因此，在文化因素的翻译时，霍克斯赋予了自己更多的自由，更多地采用归化手法，最大限度地淡化源语的陌生感与异质感以缩短目标读者与译文间的审美距离，这样才能更好地传达原著的文学性，才有助于读者更好地欣赏《红楼梦》的文学魅力。霍克斯是以目的语为母语的译者，在翻译的理解阶段，异质文化带来的冲突不断地震撼着他。他很清楚很多内容对于缺乏汉语文化知识的目的语读者来说是难以理解的，是不可思议的，是会让他们产生远离原著内涵的错误理解的，因此在传译时他会更多地考虑目的语读者的接受度，更多地让其译作向读者靠近。

杨宪益翻译《红楼梦》是外文出版社的工作安排，出版社是该次翻译活动的赞助者，出版社的出版目的决定了其翻译目的。外文出版社是中国对外宣传的官方阵地，出版英译版《红楼梦》正是为了对外宣传中国文学和文化的需要。因此，翻译过程中就必须尽可能地保留中国文化的独特魅力，译者需要让自己隐形，需要更多地对原著文本负责，更多地采用异化（foreignization）的翻译策略。杨宪益是以源语为母语的译者，对源语和源语文化的敏感性高，传译时也就会更多地靠近原著。

3.4 翻译策略

基于上述不同的翻译目的，两个版本的译者采取了不同的翻译策略。通过对两个译本进行对比研究，大量研究结论都认为杨宪益的译本是直译和异化策略的代表，而霍克斯的译本是意译和归化手法的典范。直译或意译，其前提都依赖于译者对原文的理解以及译者用目的语创作的水平，即依赖于译者的双语语言素养。异化或归化，其目的都是要把目的语读者感到陌生的文化内容"化"入目的语文本，因此"化"得成功与否，在很大程度上取决于目的语读者是否能通过所"化"的文本成功地与原文交流。译者充分地调动自己的创造性和主观能动性，意气风发地"化"译着，或"化"得佳句天成，浑然一体，或"化"得有失妥帖。"化"的质量高下与译者的双语语言文化素养、审美情操、思维方式、个性心理、道德立场、目的态度等因素息息相关，也会受赞助者意识形态的影响。

3.4.1 人名的翻译

据红学专家统计,《红楼梦》中有名有姓的人物多达三四百人,其命名大有学问。第一,各人的姓名体现着各自的身份地位,位尊者用学名雅号,位卑者用日常事物取名,如紫鹃、雪雁、玉钏。第二,位尊者的姓名能体现长幼有序。中国人家族观念浓厚且重视长幼尊卑之礼,故在取名时要依照字辈而行。贾府男丁中,贾赦、贾政为文字辈,贾珍、贾琏、贾宝玉为玉字辈,而他们的下一辈名字中皆带草字头,如贾蓉、贾芸。中国读者一见其名便知其辈分。第三,姓名的性别特征明显,如黛玉、宝钗的姓名用字皆是女性化妆装饰品:黛,古代女子用以画眉的青黑色颜料;钗,女子用的一种首饰。第四,有些人物的名字具有隐喻意义,如贾雨村(假语存),甄士隐(真事隐),娇杏(侥幸),霍启(祸起),元春、迎春、探春、惜春(原应叹息)。第五,避名讳的习俗,如黛玉母亲名贾敏,故她读书时遇到"敏"字皆念作"密",写字时皆减一二笔,如此以示尊重。第六,丫鬟小厮的名字多与他们主子的性格命运特征相吻合,如富贵闲人贾宝玉的小厮们名叫茗烟、锄药、伴鹤、引泉;元春、迎春、探春、惜春四位小姐的丫鬟们分别名叫抱琴、司棋、侍书、入画,琴棋书画寓意小姐们的优雅才情。

在向英语传译的过程中,要想译成的姓名完全再现上述特征是不可能的。当然,某些特征可以采用代偿手段表现,如长幼尊卑的关系可以在上下文人物关系中体现或附录家族世系表说明;隐喻意义可以增益文本或加注解说明。但是,有些特征则难以再现。

姓名音译是惯常的做法,但是存在两大缺点。其一,音译的姓名对于目的语读者来说,就是一连串毫无意义的乱码;其二,人物性别,雌雄莫辨。这两点恰恰给目的语读者造成非常大的阅读障碍,甚至让他们望而生畏。那么,两个版本的译者是如何处理的呢?

杨译本非常忠于原文本,直接采用常见的音译法,对于含有隐喻意义的姓名大都未加注解,从而使得原文的隐喻意义丧失。虽然很多中国读者和研究者对杨译本赞誉有加,但杨译本在英语读者及研究者中的接受度并不如霍译本高,人名翻译的处理过于简单化可能是一个很重要的因素。全书数百号人物,且关系错综复杂,目的语读者深陷各种奇怪而毫无意义的姓名旋涡，致使阅读难以进行。由于拼音化的姓名缺乏性别标志，读者甚至常常会弄乱人物关系。刘朝晖对美国大学中主修或辅修中文专业的部分大学生进行抽样测试，结果发现：读杨宪益译本时，八个受试者中就有五个人把宝玉和贾政当作恋人关系。❶多么荒谬啊！读者的理解已经完全偏离了原文。当然，该测试只向学生们提供了第三十三回（手足眈眈小动唇舌 不肖种种大承笞挞）的部分内容，文字信息有限，难免有失偏颇。其实，测试卷上附加了人物关系说明，可受试者仍然弄错，完全陌生的中文姓名让读者思维混乱。由此看来，看似非常忠实于原文的处理却让读者和原文完全背道而驰，实则也是对原文最大的"不忠实"。因此，译者的职责不是简单机械地"忠实"于原文，而是应该尽可能地使目标读者靠近原文。

　　霍克斯在阅读中文版《红楼梦》时肯定在一定程度上受到书中众多人物和庞杂人物关系的困扰，因此，他在传译时就会更多地设法为目标读者扫除这些障碍。于是，霍克斯在人名的翻译方面充分地发挥了创作的自由，采用了多种方法。首先，贾府的主子们和有一定社会地位的人物都采用音译法，如 Bao-yu，Dai-yu，Bao-chai 等。霍克斯仍然没有解决姓名的性别标志问题。而比霍译本较早一些的王际真版《红楼梦》英译本中，就采用了音译法翻译男子之名，如 Pao Yu；意译法翻译女子之名，如 Black Jade（黛玉），Precious Virtue（宝钗）❷，意图有效地解决这一问题。当然，这一做法的缺陷是看起来不像人名。此外，有评论认为这样男女区别对待不妥当，女性名字被物化，有歧视之嫌。

　　霍克斯也采用了意译法，不过他是把贾府中众多丫鬟小厮的名字意译，这样便能区分尊卑。这些下人都有名无姓，如前所述，他们名字的意思能呼应各自主人的性格和命运特征。霍克斯把他们的名字意译，或许能让目的语读者稍微领会曹雪芹当时的意图。不过这种可能性应该较小，因为像琴棋书画这样的名字含有太多目的语读者不熟悉的中国文化内涵在其中。即便如

---

❶ 刘朝晖. 评《红楼梦》两个英译本的可接受性：以美国亚利桑那州立大学学生的抽样调查为例 [J]. 中国翻译，2014（1）：82-87.

❷ TSAO H C, KAO N. Dream of the red chamber[M]. New York：Doubleday, Doran & Company，1929.

此，笔者认为，霍克斯的这一尝试还是有其积极意义的，为目的语读者了解相关的中国文化打开了一扇窗。

霍克斯还创造性地运用法语、拉丁语和希腊语来翻译某些人名。法国在欧洲各国中以艺术和浪漫著称，故此，霍克斯便把《红楼梦》中十二个唱戏的小女孩的名字用法语意译，如 Parfumée（芳官）。法语名词有阴性阳性之分，能让读者明确地知道这是一群女子，这也是霍译的妙处。《红楼梦》中那些神仙道士、尼姑和尚，霍克斯就采用拉丁语或希腊语来翻译他们的名字，如 Vanitas（空空道人）、Impervioso（茫茫大士），让人一看便觉得他们非世俗凡人。

而涉及名讳的翻译时，霍克斯有些束手无策，上文所述的林黛玉避母亲名讳的内容被译成：

> Of course! I have often wondered why is it that my pupil Dai-yu always pronounces "min" as "mi" when she is reading, and if she has to write it, always makes the character with one or two strokes missing. Now I understand. ❶

估计不熟悉"名讳"这一习俗的读者读到这一段译文必会满头雾水，完全不明白贾雨村"明白"了些什么，为何还会拍案大笑。这就是平日里常说的"译尤未译"吧：不但没起到"主作用"，反而会产生"副作用"，让读者以为作者在胡言乱语。

书中另一处红玉因与主子黛玉、宝玉犯名讳而被改名叫小红，对此霍克斯直接采取了忽略不译的做法。

霍克斯的人名翻译策略中还有一个不统一的地方，对一些谐音隐喻的小人物人名有些采用意译，明确其隐喻的意义，如霍启（Calamity）、娇杏（Lucky），而有些则采用音译，如卜世仁（Bu Shi-ren）、卜固修（Bu Gu-xiu）、单聘仁（Shan Ping-ren）。这里的不一致很有可能是由于霍克斯不了解

---

❶ CAO X Q. The story of the stone : Vol. I [M]. London : Penguin Books, 1973 : 82.

这些名字也有隐喻意义，这些名字表达出曹雪芹对这些人人格的蔑视。当然，霍克斯的母语不是中文，曹雪芹给人物命名时的这种微妙玄机不是他所能轻易把握的。这也就是译者语言素养的局限。

从杨译本和霍译本对人名这一至关重要信息的处理来看，杨宪益放弃了译者的主体性，翻译过于程式化，而霍克斯则尽量发挥译者的主体性。杨译本过于简化，抹杀了曹雪芹的良苦用心。日常生活中以拼音译姓名是常规，因为交际时，姓名的呼唤功能，即语音功能是更为重要的。但小说更具虚构性和文学性，简单的音译会使原作的信息大打折扣。霍译本在这方面可谓煞费苦心，他的处理也更受读者的欢迎。法语、希腊语、拉丁语的采用能反映霍克斯卓越的语言才华。其实也是由于他的母语是英语，英语与这些语言的近缘性赋予了霍克斯这样的优势。而由于他的母语非中文，他未能领会某些谐音隐喻，对某些多音字姓氏出现误读，"单聘仁"的"单"在第一次出现时译作 Shan，是准确的，而在后文两次出现时却译作了 Dan。显然，译者的源语语言知识在此成了霍克斯的绊脚石。

总的来看，在人名翻译时，霍克斯为读者计，颇费了一番心思，尽量为读者扫清一些阅读障碍。这也是霍译本在英语世界读者接受度高的重要原因之一。

3.4.2 文化负载词的翻译——以宗教词汇为例

《红楼梦》始于茫茫大士、渺渺真人携顽石到诗礼簪缨族、温柔富贵乡去投胎，终于这一僧一道点化宝玉了却俗缘、飘然出世而去。在故事情节推进的过程中，他们数次现身，或点化、或指迷、或消孽、或送药方，与故事中很多人物的命运相勾连。他们脱度了甄士隐、柳湘莲和贾宝玉。跛脚道士给因淫获病的贾瑞送去"风月宝鉴"，可惜他执迷不悟终致命丧黄泉。癞头和尚欲度化英莲和黛玉以消冤孽，可惜父母皆不舍。癞头和尚给宝钗开出"冷香丸"的方子以解其胎毒。宝玉、王熙凤魇魔中邪之时，僧道一起为他们祛邪消孽。

这一僧一道恰是中国主流宗教佛教和道教的化身，也暗示着佛道二教的融合。其实，西方的一神教极具排外性，这会让西方读者难以理解东方佛道融合、儒释道三教合一这种强大的包容性。这佛道二教既是有识有智之士反抗世俗恶习、洁身修行的最高精神追求，又是红尘俗世中善男信女消灾祈福的生活常态。佛道宗教内容贯穿全书，二位译者又是如何传译的呢？

【第一回】世人都晓**神仙**好，惟有功名忘不了。❶

【霍译本】Men all know that **salvation** should be won,

but with ambition won't have done, have done. ❷

【杨译本】All men long to be **immortals**

Yet to riches and rank each aspires. ❸

【第十二回】贾瑞一把拉住，连叫"**菩萨**救我！"❹

【霍译本】"**Holy one**, save me!" he cried out again and again. ❺

【杨译本】When they complied he seized hold of the Taoist and cried: "Save me, **Bodhisattva**! Save me!" ❻

从这两个例子可以看出，杨宪益忠实于原文，保留源语的文化特征，而霍克斯却在尽可能地消除目标读者在阅读中可能产生的陌生感，把佛教的菩萨和道教的神仙都归化译为基督教术语。佛教和基督教一起同列世界三大宗教，Bodhisattva 一词按理应当在英语读者的常识范围内。更何况霍克斯把此译作列入"企鹅经典系列"出版，其目标读者应该是受过良好教育的，Bodhisattva 一词不至于成为阅读障碍。此处，霍克斯有过度归化之嫌。这样既有可能误导英语读者，让他们以为中国也属基督教世界，也剥夺了他们了解不同文化的机会。了解异域文化恰恰是目的语读者阅读此译本的一大目

---

❶ 曹雪芹，高鹗. 红楼梦 [M]. 北京：中华书局，2005：7.

❷ CAO X Q. The story of the stone：Vol. Ⅰ [M]. London：Penguin Books，1973：63.

❸ TSAO H C, KAO N. A dream of red mansions：Vol. Ⅰ [M]. Beijing：Foreign Languages Press，2010：16.

❹ 曹雪芹，高鹗. 红楼梦 [M]. 北京：中华书局，2005：85.

❺ CAO X Q. The story of the stone：Vol. Ⅰ [M]. London：Penguin Books，1973：251.

❻ TSAO H C, KAO N. A dream of red mansions：Vol. Ⅰ [M]. Beijing：Foreign Languages Press，2010：171.

的。可见，归化也好，异化也罢，即使在同一本书中也不能简单地一以贯之，一定要根据具体的内容、上下文、目标读者的视域等灵活决定。

杨宪益把"神仙"译为 immortals，其基本意义是"长生不老者"，吻合中国神仙的重要特征。但是，与中国逍遥自在的神仙不同，希腊罗马神话里的 immortals 有七情六欲，他们是天生的，普通人是不能通过修道成仙的，故而西方人并不向往成为神仙。虽然 immortals 与中国的神仙殊异，但杨译本淡化了宗教色彩，不至于误导读者，相对而言还是更好。

【第二十九回】一时凤姐儿来了，因说起初一日在清虚观**打醮**的事来，约着宝钗、宝玉、黛玉等看戏去。❶

【霍译本】Shortly after this incident Xi-feng arrived and began talking about the arrangements that had been made for **the purification ceremonies**, due to begin on the first of next month at the Taoist temple of the Lunar Goddess. She invited Bao-chai, Bao-yu and Dai-yu to go with her there to watch the plays. ❷

【杨译本】Then Shi-feng arrived and, alluding in the course of conversation to **the Taoist mass** to be held at Ethereal Abbey on the first of the next month, she urged the young people to go there to watch the operas. ❸

打醮是道士设坛为人做法事、求福禳灾的一种法事活动，有着悠久的历史、繁复的仪式规制。霍克斯把打醮归化成基督教的洗礼仪式。洗礼是基督教入教仪式。行礼时，主礼者口诵经文，把水滴在受洗人的额上，或将受洗人的身体浸在水中，表示洗净原有的罪恶。两者存在巨大的差别。霍克斯在此有为了归化而偷换概念之嫌，而且目的语读者会疑惑，为何在洗礼仪式上

---

❶ 曹雪芹，高鹗. 红楼梦 [M]. 北京：中华书局，2005：207.

❷ CAO X Q. The story of the stone：Vol. Ⅱ [M]. London：Penguin Books, 1977：68.

❸ TSAO H C, KAO N. A dream of red mansions：Vol. Ⅰ [M]. Beijing：Foreign Languages Press，2010：421.

还有戏曲可看?

杨宪益用的是"弥撒"一词,亦采用归化策略。弥撒,又称为感恩祭献,祭献天主,向天主表示钦崇、感恩、祈求和赎罪,和道教的打醮也相差甚远。杨译本的可取之处是他在 mass 一词前以 Taoist 加以修饰限定,让读者明确这是一场道教仪式,也让读者明白不同于基督教弥撒,此道教仪式之余有看戏娱乐之习俗。

对于打醮这样一个英语文化中完全缺失的文化意象,为何两位译者都试图去归化呢?究其原因就是因为"打醮"实在是个太特殊的文化现象。在 20 世纪 70 年代杨宪益翻译此书时,绝大多数中国人都已经对它很陌生了,如何让目的语读者理解打醮呢?用异化处理,Da Jiao 加注解来翻译显然太简单粗暴。而且,在英语中去杜撰这样一个在汉语中日渐消亡的词,于汉语文化的传播无益且有害,只会设置文化交流的障碍。那么,只能采用归化或释译。杨宪益的归化策略相对成功。笔者认为此处可采用释译法,译为 the Taoist ceremonies for luck-praying and evil-dispelling,当然,此法的弊端是使文本变得冗长。

3.5 语言风格

《红楼梦》是一部描写封建大家族日常生活的作品,语言晓畅易懂,高度口语化、生活化。从王公贵族到市井草民,人物形形色色,各个人物的语言又高度个性化,鲁迅也说《红楼梦》"是能使读者由说话看出人来的"❶。而数百首诗词曲赋、骈文诔文、灯谜酒令,与人物的命运、性格,与情节相交融,既是曹雪芹的匠心独具,也体现出他的古诗文造诣。《红楼梦》的语言通俗与古雅并济,代表了中国古典小说语言艺术的高峰。

两位译者是如何传译这些个性化的人物语言风格的呢?我们试以王熙凤的语言翻译观之。

王熙凤是个"言谈又爽利,心机又极深细"(第二回冷子兴言)之人。身为贾府的大管家,她要与阖府上下数百号各色人物周旋,对不同的人说不同的话。对贾母时,她应承讨巧,语言风趣;对宝玉众姐妹时,她言辞鲜活

---

❶ 鲁迅. 花边文学 [M]. 上海:上海前进书店,1946:64–66.

俗气；对下人时，她口舌辛辣利落。她的语言充满了智慧，富于鲜活、生动的气息。有一次陪贾母和薛姨妈赌钱时，她指着贾母的钱匣子说：

【第四十七回】"姨妈瞧瞧，那个里头不知道玩了我多少去了。这一吊钱玩不了半个时辰，那里头的钱就招手儿叫他了。"❶

【杨译本】"Look there, aunt," she said. "Goodness knows how much of my money has been swallowed up by that. It's less than an hour since we began, and already the money in that chest has beckoned to this string of cash."❷

【霍译本】"You see that, Aunt? I don't know how much of my money has at one time or another found its way in there. Before I've been playing half an hour, my money in the chest begins calling to my money on the table to come and join it."❸

这里，王熙凤运用了拟人的手法，诙谐地表示自己的钱都会被贾母赢去。杨宪益也运用了拟人的手法，使用了 swallow up 和 beckon。beckon 比霍克斯的 call 更生动。Goodness knows 比 I don't know 的语气更鲜活。此外，霍克斯的 "my money in the chest … my money on the table" 略显啰唆单调，不如杨宪益的 "the money in that chest … this string of cash" 明晰爽利。

【第三十回】我及至到那里要说和，谁知两个人倒在一处对赔不是，对笑对说呢！倒像"黄鹰抓住了鹞子的脚"，两个都"扣了环了"。那里还要人去？❹

【杨译本】I found they'd already asked each other's forgiveness, and

---

❶ 曹雪芹，高鹗. 红楼梦 [M]. 北京：中华书局，2005：349.

❷ TSAO H C, KAO N. A dream of red mansions：Vol. Ⅱ [M]. Beijing：Foreign Languages Press, 2010：97.

❸ CAO X Q. The story of the stone：Vol. Ⅱ [M]. London：Penguin Books, 1977：433.

❹ 曹雪芹，高鹗. 红楼梦 [M]. 北京：中华书局，2005：217.

were clinging together like an eagle sinking its talons into a hawk. They didn't need any help.❶

【霍译本】Well, I went there; and what did I find? I found the two of them together apologizing to each other. It was like the kite and the kestrel holding hands: they were positively locked in a clinch! No need of a peacemaker that I could see.❷

"黄鹰抓住了鹞子的脚"后来成了一个歇后语,比喻两人亲密得分不开。王熙凤运用了比喻的手法,两个译本也都保留了比喻的意象。sinking its talons into,杨译本读来有些像鹰鹞在争斗,鹰爪一把攫住鹞子,虽然形式上是"黄鹰抓住了鹞子的脚",可是比喻意义却大相径庭。霍克斯译出了后半句"they were positively locked in a clinch!",使得意思更加清晰。两个译本都省略了"对笑对说",使源语打趣宝黛的意味大打折扣。

【第十四回】再不要说你们"这府里原是这么样"的话,如今可要依着我行,错我半点儿,管不得谁是有脸的,谁是没脸的,一例清白处治。❸

【杨译本】... so don't tell me how things used to be managed here, but just do as I say. The least disobedience will be dealt with publicly, no matter how much face the offender may have.❹

【霍译本】So don't let me hear anyone saying "We don't do it that way here"! From now on, whatever it is, you do it the way I tell you to, and anyone who departs by as much as a hair's breadth from what I say

---

❶ TSAO H C, KAO N. A dream of red mansions:Vol. Ⅰ [M]. Beijing:Foreign Languages Press,2010:442.

❷ CAO X Q. The story of the stone:Vol. Ⅱ [M]. London:Penguin Books,1977:97.

❸ 曹雪芹,高鹗. 红楼梦 [M]. 北京:中华书局,2005:93.

❹ TSAO H C, KAO N. A dream of red mansions:Vol. Ⅰ [M]. Beijing:Foreign Languages Press,2010:187.

is for it good and proper, no matter how senior or how important she thinks she is!❶

这是协理宁国府时王熙凤在立威,因此说话时是声色俱厉。这话也正印证了此前管家来升对她的评价:烈货,翻脸不认人。杨宪益的 don't tell me 更契合王熙凤说话时的掷地有声。王熙凤就喜欢"声口简断"的,不喜欢哼哼唧唧的。这句话以短句为主,真真的"声口简断",且语气急促,给听话者压迫感。在这一点上,杨译本语言更简洁,话语中的口气更能贴近源语语气。而霍译本则过于啰唆,有失爽利,语气也随之弱化。"谁是有脸的,谁是没脸的"一语,王熙凤采用了重复的手法,"有脸"和"没脸"的正反对照,语气强硬。杨宪益译成 no matter how much face the offender may have,表达了原句的主要意思,但 how much face 估计目的语读者并非人人能明白。霍克斯译成 no matter how senior or how important she thinks she is,采用了近义重复的形式,努力地表现源语的形式美,但这种简单的重复尽显啰唆,恰恰失了王熙凤爽利的语言特色。

此外,杨译本的"再不要说""可要依着我行""错我半点儿""一例清白处治"均比霍译本简洁爽利,更吻合原著王熙凤的语言风格。

从上述分析可见,在再现人物语言风格方面,杨宪益比霍克斯要稍胜一筹,当然也各有不尽完美之处。杨宪益的母语是汉语,汉语流散型的句子结构所表现出的语意和风格就易于理解再现。而霍克斯的母语是英语,英语分析型的语言特征决定了霍克斯在翻译表达时用缜密严谨的句法结构把所理解的丰富信息组合连接,句子长而复杂。这就是母语带给他的天然劣势。

3.6 读者接受度

霍克斯在译本前言中写道:

... if I can convey to the reader even a fraction of the pleasure this

---

❶ CAO X Q. The story of the stone:Vol. Ⅰ [M]. London:Penguin Books, 1973:272.

Chinese novel has given me, I shall not have lived in vain.（笔者译：如果我能将这部中国小说给予我的快乐转达给读者，哪怕只是一小部分，我也算不枉此生了。❶）

显然，读者的阅读感受是他传译时会重点考虑的。他清楚自己译本的目标读者的"文学阅读经验构成的思维定向或先在结构"❷，故而充分发挥自己的学识和创造性，对译文文本进行再创作，以期尽可能地缩短审美距离，减轻审美焦虑，从而保证尽可能地"将这部中国小说给予我的快乐转达给读者"。为了使译文尽可能地与目标读者的"视域融合"，霍克斯有时会牺牲对原著应有的"忠实"。如：霍译本中"红"到"绿"的变译，诸多文化信息的归化翻译，以及某些文化信息的略译。经过霍克斯的种种努力，目标读者能更愉快地阅读《红楼梦》。加之，霍克斯是用母语写作，且是母语写作的佼佼者，其文笔流畅，语言更为地道，因此霍译本大受赞誉。周珏良评道："霍译本最大的好处在于它能传原书之神……读来简直就是亨利·詹姆斯（Henry James）小说里的章节……确是佳译。"❸

杨宪益的母语为译出语，在对原文的理解上占有优势，而他对译入语语言文化的稔熟程度相对较低，有时会带着在译出语中获得的信息去理解处理译入语，容易忽略译入语的差异，出现某些译尤未译的例子。

长期以来，很多外籍红学专家学者都认为霍译本更受目的语读者的喜爱，可接受度更高。国内译学界则奉杨译本为经典，热衷于挑霍译本的误译、漏译。但刘朝晖在美国亚利桑那州立大学的抽样调查结果表明：两个译本可接受度不存在本质区别。❹

---

❶ CAO X Q. The story of the stone：Vol. Ⅰ [M]. London：Penguin Books，1973：46.

❷ 尧斯，霍拉勃. 接受美学与接受理论 [M]. 周宁，金元浦，译. 沈阳：辽宁人民出版社，1987：6–8.

❸ 周珏良. 读霍克斯英译本《红楼梦》[M] // 周珏良. 周珏良文集. 北京：外语教学与研究出版社，1994：220–221.

❹ 刘朝晖. 评《红楼梦》两个英译本的可接受性：以美国亚利桑那州立大学学生的抽样调查为例 [J]. 中国翻译，2014（1）：82–87.

四、译本对比总结

在《翻译问题探讨》一书中,纽马克指出:"交际型翻译试图使译文对译语读者产生与原文对源语读者相同的效果。……理论上……交际型翻译只面向译语读者,而译语读者并不希望在阅读中遇到任何晦涩难懂的地方,相反地,他们期待译者在必要时大胆地将国外的东西移入本族文化。"❶霍克斯和闵福德的《红楼梦》译本倾向于纽马克提出的交际翻译。其译本以译入语读者的阅读愉悦为翻译目的,故两位译者在翻译过程中所做的研究,主要是围绕故事情节的逻辑性进行的。为了使译文便于译入语读者理解,译者对原著的版本进行选择、拼接甚至修改。译者虽然认定原著的伟大性,但并不唯原著是从,而是高调地大举译者主体性的旗帜,竭力使原著更接近译入语读者的阅读视域。

霍克斯和闵福德二人都是以译入语为母语的译者,译文语言优美流畅,文学性强,在译入语读者中接受度颇高。但由于两位译者译出语语言能力先天不足,难免出现一些对原著理解偏误之处。而这些偏误在谙熟原著的汉语读者眼中格外刺眼,他们从情感上也常常难以接受霍闵的改译。

杨宪益和戴乃迭两位译者,一位的母语是译出语,另一位的母语是译入语,被学界视为合译的理想组合。但此书的主译是杨宪益,戴乃迭只是协作翻译。译文的行文主要由杨宪益完成,戴乃迭负责梳理修正文法不当之处。因此,相对于霍闵译本,杨戴译本语言的文学性要稍逊一等,在不懂汉语的读者圈中接受度较低。而杨戴译本在国内学术界受认可程度较高,认为其更忠实于原著,更多地保留源语文化内容,更吻合汉语读者对原著的主流解读。

---

❶ NEWMARK P. Approaches to translation[M]. Shanghai:Shanghai Foreign Language Education Press,2004:39.

参考文献

[1] CAO X Q. The story of the stone[M]. London：Penguin Books，1973；1977；1980；1982；1986.

[2] DAVIS J F. On the Poetry of the Chinese[J/OL]. Transactions of the Royal Asiatic Society of Great Britain and Ireland，1829，2（1）：440-441.[2018-08-28]. https：//www.jstor.org/stable/25563438.

[3] LU H. A brief history of chinese fiction[M]. Beijing：Foreign Language Press，1976.

[4] MCHUGH F，MCHUGH I. The dream of the red chamber[M]. New York：Pantheon Books，1958.

[5] NEWMARK P. Approaches to translation[M]. Shanghai：Shanghai Foreign Language Education Press，2004.

[6] NORD C. Translating as a purposeful activity：functionalist approaches explained[M]. Shanghai：Shanghai Foreign Language Education Press，2001.

[7] SHUTTLEWORTH M，COWIE M. Dictionary of translation studies[M]. Shanghai：Shanghai Foreign Language Education Press，2004.

[8] TSAO H C，KAO N. A dream of red mansions[M]. Beijing：Foreign Languages Press，2010.

[9] TSAO H C，KAO N. Dream of the red chamber[M]. New York：Doubleday，Doran & Company，1929.

[10] 曹雪芹，高鹗.红楼梦[M].北京：中华书局，2005.

[11] 曹雪芹，高鹗.红楼梦：三家评本[M].上海：上海古籍出版社，1988.

[12] 曹雪芹.石头记（有正本）[EB/OL].[2018-08-28]. http：//www.myhonglou.com/honglou/bb/yzb/yzbmml.htm.

[13] 曹雪芹.脂砚斋重评石头记庚辰本（影印本）[M/OL].[2018-08-28]. http：//www.myhonglou.com/honglou/bb/gengcb/gcbml.htm.

[14] 刘朝晖.评《红楼梦》两个英译本的可接受性：以美国亚利桑那州立大学学生的抽样调查为例[J].中国翻译，2014（1）：82-87.

[15] 鲁迅.花边文学[M].上海：上海前进书店，1946.

[16] 王金波.乔利《红楼梦》英译本的底本考证[J].明清小说研究，2007（1）：277–287.

[17] 尧斯，霍拉勃.接受美学与接受理论[M].周宁，金元浦，译.沈阳：辽宁人民出版社，1987.

[18] 余生（吴宓）.王际真英译节本《红楼梦》述评[J].大公报（文学副刊），1929（75）.

[19] 周珏良.读霍克斯英译本《红楼梦》[M]//周珏良.周珏良文集.北京：外语教学与研究出版社，1994.

第二章 译者的朝圣之旅：詹纳尔与余国藩《西游记》译本比较

一、《西游记》概述

《西游记》是中国"四大名著"之一，是一部章回体神魔小说，是中国文学史上浪漫主义长篇小说的巅峰。作者以大胆奇特的艺术想象力塑造出一个奇幻多彩的神魔世界，又在这个魔幻的神佛鬼怪世界里，注入了现实世界的世态人情。嬉笑怒骂间表现了对现实社会的权力、宗教、意识形态和价值体系调侃式的嘲讽，对不畏权势、藐视强敌的战斗精神的称颂，对个性自由的渴望，对纯真善良的追求。《西游记》的语言通俗晓畅，亦庄亦谐，既让士人阶层不忍释卷，也为妇孺老幼所津津乐道。全书共一百回。现存最早的古本是金陵世德堂刻本，刻本的第七十六至第八十回，第九十至第一百回残缺。故事讲述唐僧师徒四人从唐都长安到西天大雷音寺求取真经的朝圣之旅。师徒斗妖除魔、扶危济困、惩恶扬善，历经了重重劫难，最终取得真经。书中孙悟空、猪八戒等艺术形象鲜活生动，是世界文学人物库的瑰宝。"大闹天宫""三打白骨精""祸起观音院""大闹五庄观""真假美猴王"等故事精彩纷呈，引人入胜，在汉语文化圈几乎是家喻户晓。

现在出版的各种版本《西游记》作者署名都为吴承恩（约1500—1582）。其实，自问世以来，《西游记》的作者究竟是谁，学界一直存有争议。现存明刊百回本《西游记》均无作者署名，清代一些学者认为是丘处机所作。清代学者吴玉搢等首先提出《西游记》的作者是明代吴承恩。鲁迅在《中国小说史略》❶、胡适在《西游记考证》❷中都肯定了"吴承恩说"。自此，

---

❶ 鲁迅.中国小说史略[M].北京：商务印书馆，2011：305.
❷ 胡适.《西游记》序言：西游记考证[M]//吴承恩.西游记.上海：亚东图书馆，1921.

"吴承恩说"成为主流。

《西游记》对后世的文学和艺术产生了深远影响,被改编成多种地方戏曲、电影、电视剧、动画片、漫画等文艺形式。在日本等亚洲国家也出现了一些以孙悟空为主角的文艺作品。《西游记》被译为英、法、德、俄、日、朝、越等十几种文字。英译本中有不少是节译和改译,全译本有余国藩译本和詹纳尔译本两种。

二、《西游记》英译简介

2.1 《西游记》英译历史及主要版本简介

1895 年,美国在华传教士吴板桥(Samuel Isett Woodbridge)节译了第十回和第十一回的部分内容,题为 *The Golden-Horned Dragon King or The Emperor's Visit to the Spirit World*。这是现知最早的《西游记》英文节译片段,但流传极少。

1901 年,英国著名的汉学家翟理斯(Herbert Allen Giles)在他编写的《中国文学史》(*A History of Chinese Literature*)中译介了《西游记》的故事梗概和部分章节(第七回孙悟空与如来佛祖打赌;第九十八回众师徒过凌云渡)。书名译为: *The Hsi Yu Chi, or Record of Travels in the West*。这是《西游记》首次作为文学作品进入英语世界。该译本重刊十多次,对《西游记》在英语世界的传播起到了非常重要的作用。

1905 年,韦尔(James Ware)在《亚东杂志》上发表了《中国的仙境》(*The Fairy-land of China*),其中摘译了第一回到第七回的故事梗概、第九回到第十五回的故事梗概。他在"引言"中介绍了整个故事梗概并点评了书的思想内容,还对比研究了《西游记》和约翰·班扬的《天路历程》。

1913 年,在华传教的李提摩太(Timothy Richard,1845—1919)出版了学界认定的第一个《西游记》英译单行本,题名为 *A Mission to Heaven: A Great Chinese Epic and Allegory*。

1930 年,海斯(Helen M. Hayes)出版了一百回选译本《西游记》,书名译为 *The Buddhist Pilgrim's Progress*,该书被列入"东方智慧丛书"。

1942 年，著名汉学家阿瑟·韦利（Arthur Waley）的英文节译本《西游记》(*Monkey: Folk Novel of China*) 出版。该译本是《西游记》流传最广、最受欢迎的译本之一。

1946 年，美籍华人王际真英译的《西游记》前七回被收入《中国的智慧和幽默》(*Chinese Wit and Humor*)。

20 世纪 60 年代，杨宪益和戴乃迭夫妇在《中国文学》上发表过一些《西游记》英译片段：第二十七回，第五十九回到第六十一回。

1972 年，美籍华人夏志清和美国汉学家白之（Cyril Birch）合译了《西游记》第二十三回，刊载在白之主编的《中国文学选集·第二卷（14 世纪至今）》，题为 *The Temptation of Saint Pigsy*。

任教哥伦比亚大学的华人余国藩教授出版了第一个《西游记》英译全译本，题为 *The Journey to the West*，并因此蜚声海内外。余译本被公认为最好的英译本。该译本由哥伦比亚大学出版社于 1977 年、1978 年、1980 年、1982 年分四卷出版。

1982—1986 年，外文出版社出版了另一个全译本，译者是英国翻译家詹纳尔，书名译为 *Journey to the West*。外文出版社把该译本列入"大中华文库"和"汉英经典文库"。这是在中国大陆流传最广的英译本。

欧美和中国还出版了多个为儿童读者编译的本子，其中以韦利改编的 *The Adventures of Monkey* 以及其妻艾利森·韦利缩写的 *Dear Monkey* 最为有名。

2.2 本章所选版本译者简介

2.2.1 余国藩（Anthony C. Yu，1938—2015）

余国藩 1938 年生于香港，从小祖父对他进行了严格的中国古典文学训练，童年便熟读《西游记》。同时，余家的家庭教育是中英双语教育，因为其祖父和父亲分别毕业于牛津大学和剑桥大学，都具备深厚的英语素养。十八岁时，余国藩赴美留学，获芝加哥大学宗教与文学双博士。这段经历让余国藩得以融合宗教与文学，从宗教角度看文学、以文学思维研究宗教。

余国藩曾为美国芝加哥大学巴克人文学讲座教授，是美国艺术和科学院院士、美国学术联合理事会和台湾"中央研究院"院士。余国藩是一位成就杰出的宗教与文学研究者,被称为"现代人文主义者"。他历时十四载完成四卷本《西游记》英译本,是现知的第一部英译全译本。1982年,该译本出版后即获得了广泛赞誉。1984年,该译本获得了芝加哥大学出版社颁发的莱恩学术奖(Gordon J. Laing Award)。

2.2.2 詹纳尔(W. J. F. Jenner,1940—)

詹纳尔是英国著名的汉学家,研究中国历史与文化。1963—1965年,他在外文出版社担任翻译工作,翻译了末代皇帝溥仪的自传《从皇帝到公民》,并开始着手《西游记》的英译准备。此后,他去了澳大利亚的大学任教。1979—1985年,每年夏天他都会拜访中国,作为外国专家为中国外文局工作。在此期间,他接受了翻译《西游记》的邀请。1983—1984年,詹纳尔翻译的《西游记》全译本由外文出版社出版发行,第一次出版时分三册,再版时又分为四册版和六册版。他还翻译了《鲁迅诗选》和《苏菲的日记》。

三、译本对比

3.1 出版背景和翻译目的

余国藩的《西游记》译本是由芝加哥大学出版社出版的,该出版社是以学术研究为主的出版社。余国藩教授自1968年开始在芝加哥大学教授比较宗教与文学,对宗教与文学的研究造诣颇高。其全译本正文前有篇幅近百页的介绍;正文后有注解,对每一回相关的背景知识、专有名词、特殊表达法、明喻、暗喻和类比、生活细节都有详细的注释,对专业读者的研读有着极大的帮助作用。此外,还附有索引。

在再版序言中,余国藩自述了翻译的两大目的。❶ 其一,汉学家阿瑟·韦利的节译本《西游记》(*Monkey: Folk Novel of China*)名震一时,遗憾的是他略译了其中的诗文,而这些诗文正是此皇皇巨著不可或缺的组成

---

❶ WU C E. The journey to the west[M]. revised edition. Chicago:The University of Chicago Press,2012:ix.

部分，是其文学性的重要体现。略译诗文，"不仅作品基本的文学形式被扭曲，作品语言中许多曾经吸引了数代中国读者的叙事活力和描述力量也丢失了"。(Not only is the fundamental literary form of the work thereby distorted, but also much of the narrative vigor and descriptive power of its language which have attracted generations of Chinese readers is lost.) ❶ 余国藩立志担此大任，译出全部的诗文，让英语世界读者更好地感受原著的伟大。其二，胡适在为阿瑟·韦利译本作序时提出《西游记》并无一些评论者说的儒释道寓意，只是一部幽默无稽之书，纯粹为娱乐逗笑耳。❷ 胡适的观点颇为流行。作为宗教与文学研究的专家，余国藩深不以为然。他认为该书宗教寓意浓厚，因此致力于通过自己的翻译来矫正胡适的谬见。❸ 鉴于此两大目的，余国藩的译本也就有了两大显著特点：一是一诗一赋，毫无删漏；二是兼顾文学性和学术性。

詹纳尔在中国外文局工作时正值中国改革开放之初，中国在经济上实施对外开放政策，同时也迫切希望向世界展示中国的文化魅力，让世界了解中国。詹纳尔翻译《西游记》是外文局委托的工作，他的译本由外文出版社出版。外文出版社致力于对外宣传中国文化，旨在以译介经典中国文学为契机对外宣传中国文化。詹纳尔的翻译目的和策略必然受到赞助者的出版目的的影响。

3.2 翻译策略

詹纳尔应外文出版社之邀，其翻译目的是向世界推广中国文化，因此他在翻译时更注重原著的文学性。詹纳尔虽是知名的汉学家，但毕竟汉语非其母语，对原著内容及所含文化的理解终不如母语使用者准确。外文出版社邀请外籍专家作译者，倚重的是詹纳尔的英语表达能力，因为他更清楚以什么样的方式让译入语读者接受译文，尽可能减少文化冲突造成的阅读焦虑。身

---

❶ WU C E. The journey to the west: Vol. I [M]. revised edition. Chicago: The University of Chicago Press, 2012: xiii.

❷ WU C E. Monkey[M]. New York: Grove Press, 1970: 1-7.

❸ WU C E. The journey to the west: Vol. I [M]. revised edition. Chicago: The University of Chicago Press, 2012: ix.

为以目的语为母语的译者，詹纳尔必然对译文之于译入语读者的接受性非常敏感，也就必然会更多地采用归化策略。

余国藩虽常年生活在美国，精通英语，但他是以汉语为母语的译者，从小祖父拿《西游记》作为课本教他识字，浸润其中。从小受到严格的中国古典文学教育，他有着深厚的中国文化功底，对书中的文化信息有着非常高的敏感性。在译文中，他试图尽量把这些文化信息传译出来，因此余译本有大量的文化注解。

身为宗教与文学研究的学者，余国藩又十分珍视原著中的宗教寓意，并以在译文中彰显原著的宗教色彩为翻译活动的一大目的。因此，余国藩的翻译以异化为主要策略，而且带有严谨的学术范儿。因其深厚的宗教知识，余译本中有一些佛学术语常采用梵语音译，这也是余译本译者主体性的鲜明印记。

3.2.1 专名的翻译

（1）人名的翻译

唐僧师徒四人是小说的主人公，他们的名字已经成为各自鲜明艺术形象的符号。孙悟空，一只疾恶如仇、锄强扶弱、智勇双全、争强好胜的猴子；唐僧，善良胆小、坚忍不拔；猪悟能，一头好吃懒做、贪利好色、憨厚笨拙的猪；沙悟净，忠厚老实、任劳任怨。源语读者一望其名便见其神形。译作中要如何有效建立起人物名与其神形的联系呢？其他语境中人名的翻译，音译即可，文学作品中人物的姓名翻译则有所不同，这就赋予了译者更多的创作自主性。两位译者是如何传译这些人名的呢？试从孙悟空和唐僧的名字翻译来看看两位译者的主体性。

先看孙悟空。师徒初见，唐僧给悟空取名一段，原文与各译本翻译如下。

【原　文】猴王道："不劳师父盛意，我原有个法名，叫作孙悟空。"❶

【余译本】"This noble thought of the master is deeply appreciated,"

---

❶ 吴承恩. 西游记 [M]. 长春：长春出版社，2006：111.

said the Monkey King, "but I already have a religious name. I'm called Sun Wukong." ❶

【詹译本】"There's no need to trouble yourself," said the Monkey King, "I've already got one: Sun Wukong—Monkey Awakened to Emptiness." ❷

两相比较，孙悟空一名，两位译者都采用音译法，詹译本还增益了释义 Monkey Awakened to Emptiness。其实余译本在第一回回末悟空得此法名时，也采用了意译 Wake-to-the-Void。两个意译大同小异。像悟空这样带有佛学禅意的名字含义深幽，很难意译。两位译者的意译太拗口，不能作为人名称呼，而且目的语读者可能完全不解其意。因此，音译法于此更合适。加上意译解释，有助于读者理解佛名的含义。

原著中，孙悟空还有其他的名号——孙行者、美猴王、齐天大圣，他还常常自称"老孙"。两位译者的孙悟空译名对照如表1。括号中的数字是用查找方式统计的电子版文本中各称呼出现的次数。

表1 孙悟空译名对照

名号	译名	
	余译本	詹译本
行者 （最常用的称呼）	Pilgrim（4455）	Monkey（4268）
（齐天）大圣 （1270）	Great Sage（Equal to Heaven） （1245）	Great Sage（Equal to Heaven） （1031）
（孙）悟空 （517）	Sun Wukong（511） Wake-to-the-Void（2）	Sun Wukong（419） Monkey Awakened to Emptiness（3）

---

❶ WU C E. The journey to the west: Vol. I [M]. revised edition. Chicago: The University of Chicago Press, 2012: 309.

❷ WU C E. Journey to the west: Vol. I [M]. Beijing: Foreign Languages Press, 2011: 326.

续表

名号	译名	
	余译本	詹译本
（美）猴王（185）	(Handsome) Monkey King (184)	(Handsome) Monkey King (169)
孙行者（236）	Pilgrim Sun (235)	Brother Monkey (337) Sun the Novice (131)
老孙（悟空自称，617）	Old/old Monkey (535)	old Monkey (1)

两个译本最大的区别是对"孙行者"中"行者"这一称呼的翻译，分别为：novice 和 pilgrim。novice 意为 a person who is training to be a monk or a nun，❶ 而 pilgrim 意为 "a person who makes a journey, often a long and difficult one, to a special place for religious reasons"。❷

根据《剑桥词典》，novice 更吻合"头陀、行者"本意。但詹纳尔本人也不看好这个译法而生生地加了一个 Brother Monkey，简称为 Monkey。Brother 带有浓浓的基督教色彩。显然在詹纳尔眼里，"行者"的本意并不重要，猴子的形象才是他要强化的，也是他希望在读者脑子里建立的形象。

余国藩在这一小段翻译中就加了两个注解，这也正反映了余译本的一大特点：注解繁多，知识渊博。在翻译三藏所言：

你这个模样，就像那小头陀一般，我再与你起个诨名，称为"行者"。

余国藩的译文是 "You look rather like a little dhūta. Let me give you a

---

❶ Cambridge Dictionary [EB/OL]. [2018-08-28]. https://dictionary.cambridge.org/dictionary/english-chinese-simplified/novice.

❷ Cambridge Dictionary [EB/OL]. [2018-08-28]. https://dictionary.cambridge.org/dictionary/english-chinese-simplified/pilgrim.

nickname and call you Pilgrim Sun." ❶。这里，余国藩给 dhūta 加了注释 "Literally, the word means shaken, shaken off, or cleansed. It points to the practice of asceticism as an antidote to worldly attachments. Hence it is also used in the Chinese vernacular as a name for any mendicant."❷。（头陀：原意为抖擞浣洗烦恼。佛教僧侣所修的苦行。后世也用以指行脚乞食的僧人。）"头陀"译自梵语 dhūta，加上专业的注解，这充分展现出译者深厚的宗教学知识。

同样，余国藩将"行者"译为 Pilgrim Sun，并加了注释 "Literally, the Chinese term xingzhe means a novice who practices austerities or asceticism, and who is also a mendicant."❸。行者作为佛教语，即"头陀"，行脚乞食的苦行僧人。普通的源语读者也只知"行脚僧人"之意。窃以为这样的注解是为极少数的专业读者所作，对普通的目的语读者阅读无益且有碍。另外，西天取经是唐僧的志向，悟空的目标只是保护唐僧西天取经，因此唐僧才是真正的 Pilgrim，悟空译为 Pilgrim 与原著的形象有所偏差，会让懂汉语的读者困惑。詹译本的"取经僧"唐僧就译成了 Pilgrim Priest。

从统计数据来看，余译本在翻译孙悟空的称呼时，几乎是一一对应的。这一特点也映射出译者对原著的态度：尽可能忠实。而詹译本则更灵活一些，自创了 Monkey 和 Brother Monkey 之名，还在 Awakened to Emptiness 之前加上 Monkey，以 Monkey 一名联系悟空的各个称呼，除了能有效地塑造孙猴子的形象外，也能通过这一联系符号减少读者的阅读负担。

对于"老孙"这一自称，余国藩采用直译法，译为 Old/old Monkey。但詹纳尔只有一次译为 old Monkey（第三十五回悟空自报家门的诗中）。这显然是由于两位译者的母语文化对"老"存在认知差异，这样的处理是译者母语文化印迹的体现。

---

❶ WU C E. The journey to the west：Vol. I [M]. revised edition. Chicago：The University of Chicago Press，2012：309.

❷❸ WU C E. The journey to the west：Vol. I [M]. revised edition. Chicago：The University of Chicago Press，2012：524.

下面再说说唐僧名字的翻译。余译本主要用 Tripitaka 和 Tang Monk；詹译本主要有 Sanzang 和 Tang Priest。三藏法师是对精通佛教圣典中之经、律、论三藏者的尊称。Tripitaka 是梵语，选择这样处理显然是译者知识体系的映射。但笔者认为，此两种翻译并没有高下之分。绝大多数目的语读者都是不懂梵语的，对他们来说，这两个词（Tripitaka 和 Sanzang）都是奇怪的字母组合，表示一个人名而已。其实普通的源语读者也不十分清楚"三藏"的真意，故而大家更习惯用"唐僧"这一称呼。

（2）其他专名的翻译

《西游记》是以唐玄奘取经的历史故事为蓝本的，但书中出现大量典型的明代独有名物，因此很多学者解读为时代错置以讽古喻今❶，也有人认为可能小说家并不精通唐制唐俗，随手借用而已，反正故事是虚构的。笔者赞同讽古喻今说，理由有三。其一，在有着悠久文字狱历史的中国，皮里春秋的隐笔法盛行。其二，有关唐朝的史料丰富。由玄奘口述、弟子辩机辑录成《大唐西域记》十二卷，辩机的弟子慧立、彦悰撰写的《大唐大慈恩寺三藏法师传》就是关于这段历史最直接的记载。以作者之博学，定不会如此无知。其三，锦衣卫和谨身殿是广为人知的明朝特色，出现在唐朝故事中，一定是作者刻意为之。

英语文化中也常见"时代错置"这种手法，如莎士比亚戏剧❷，如约翰·福尔斯的代表作《法国中尉的女人》等。时代错置牵涉文本外的历史文化知识，受文化圈的制约，难以在不同的语种间重构。若要向目的语读者传达时代错置的信息，只能采用加注解的方式。余译本有大量的注解，余国藩是如何处理这些时代错置的专名翻译的呢？不加注解的詹纳尔又如何应对呢？就以锦衣卫和谨身殿为例吧。

锦衣卫

---

❶ 作家出版社编辑部.西游记研究论文集[M].北京：作家出版社，1957：22.

❷ BARISH J. Hats, clocks and dublets: some shakespearean anachronisms[M]// Shakespeare's universe: renaissance ideas and conventions. London: Aldershot, Hants, Scolar Press, 1996: 29-36.

【余译本】the Embroidered-Uniform Guard: Imperial Guard[1]
【詹译本】royal guards[2]

谨身殿
【余译本】the Hall of Careful Conduct[3]
【詹译本】the Hall of Caution[4]

此二例对照鲜明，余译本都加了长长的注解，试图增补文本以外的历史性（historicity）和互文性（intertextuality）信息，而詹译本则是简单的意译处理。詹译本的简洁处理极有可能是受译者文化圈的限制，读到"锦衣卫"和"谨身殿"时，译者并不能联想到它们的历史性和互文性信息。而作为以源语为母语的译者，余国藩则不可能忽视它们的历史性和互文性。此两例的翻译处理便体现了译者主体的视域与原文本视域融合性的差异。

余译本对"谨身殿"的注解阐释的是其与《孝经》的互文性，以讽比丘国君昏聩而不知谨身节用。这一注解是译者博学的体现，是译者从小所受正宗儒学教育的体现。从"谨身"的意义来看，余译本 Careful Conduct 比詹译本 Caution 更为准确。

3.2.2 文化负载词（culturally loaded words）的翻译——以佛教词汇为例

语言是一个民族在长期的生产劳动和社会实践中创造出来的，反映本民族的思维方式、民族心理、行为规范、伦理价值、风俗民情等文化的方方面面，有着鲜明的文化印记。在文学文化翻译中，这些文化负载词令译者既心生畏惧又跃跃欲试。心生畏惧是因为双语文化的博大精深，文化意象的

---

[1] WU C E. The journey to the west: Vol. Ⅲ [M]. revised edition. Chicago: The University of Chicago Press, 2012: 175.

[2] WU C E. Journey to the west: Vol. Ⅲ [M]. Beijing: Foreign Languages Press, 2011: 1422.

[3] WU C E. The journey to the west: Vol. Ⅳ [M]. revised edition. Chicago: The University of Chicago Press, 2012: 51.

[4] WU C E. Journey to the west: Vol. Ⅳ [M]. Beijing: Foreign Languages Press, 2011: 1814.

空缺或冲突带来的巨大挑战；跃跃欲试是因为跨文化交流的必要性和挑战成功的极大喜悦。一直以来，文化负载词都是翻译界备受关注的焦点，常见的翻译策略有：①音译（transliteration）；②意译（paraphrasing）；③借译（substitution）；④略译（omission）等。然而，有时候，单纯的音译在译入语读者眼中不过是毫无意义的字符；字对字的意译会让读者误解或不知所云；借译有时看似佳词天成，实则谬误横生；略译则是最不负责任之举，有时却又是无奈之策。对于文化负载词的翻译，必定要依一词一文仔细斟酌，绝无一以贯之的定法。

《西游记》是一部以唐僧师徒西天求取佛经的故事为全线的宗教题材古典小说，小说中儒释道三教的教义、仪式、法器等文化负载词汇俯仰即是，构成《西游记》英译的一大障碍。

佛教术语本就是从梵语引入汉语的文字，也是由音译、意译、音译意译结合、借译而来，其中大量的词汇完全具备汉语音形和语义特征，完全融入汉语之中，普通的汉语使用者亦不觉它们是外来词，如：世界、魔、刹那、智慧、心地、浩劫、觉悟、正宗，等等。当然，这些仅是佛教词汇汉译的浩渺辞海中为汉语所接纳的珍珠，大浪淘沙，更多的译入词汇被淘汰了。

那么，余国藩和詹纳尔是如何处理小说中的宗教词汇的呢？

（1）梵语音译而来的文化负载词

阿弥陀佛、菩提、袈裟、比丘尼等都是由梵语音译而来的词。这些词是常见汉语词汇，非佛教信仰者也常常使用，但它们具有明显的外来词汇的特征，只能整体使用。在翻译此类词时，詹、余两位译者主要采用音译策略，且都是由梵语音译成英文，偶尔也会采用意译或略译的策略。

阿弥陀佛

全书出现了十八次"阿弥陀佛"，詹译本十六次以梵音音译为 Amitabha Buddha，省略一次，意译一次。

第三十五回，当小妖说八戒不好蒸时，八戒道："阿弥陀佛，……"❶ 此

---

❶ 吴承恩.西游记[M].长春：长春出版社，2006：284.

处詹译本意译为 Thank Heavens，语意传达恰当。但笔者认为此处无须意译，因为根据上下文语意，译入语读者能清楚地理解"阿弥陀佛"即为"菩萨保佑，谢天谢地"之意。"阿弥陀佛"是佛教信徒的口头禅，是他们语言的特色符号，文中多次出现，读者可以根据上下文去领会这一口头禅的意义，也能通过这一语言特征去了解角色的身份。

余译本除略译两处外，皆梵音音译为 Amitabha Buddha，保持了高度的一致性，在以汉语为母语的余国藩看来，"阿弥陀佛"一词之意完全依托于上下文，无须释意。

佛教文化在中国影响深远，"阿弥陀佛"已成为佛教徒之间的问候语，即使是非佛教徒也常常将"阿弥陀佛"挂在嘴边，表示祈祷、感谢神灵、庆幸、请求宽恕、忏悔、感叹之意。当音译还是当意译既取决于其在上下文中的语意，也取决于上下文对该词语意的支持、译入语读者对该词的知识、译者对原文宗教信息的取舍等因素。

袈裟

詹纳尔和余国藩都将"袈裟"意译为 cassock，而未采用梵语音译成 kaṣāya。"袈裟"一词在原著中共出现一百五十五次，詹译本 cassock 出现了一百五十一次，余译本出现了一百一十八次，都保持了高度一致。笔者想在此探讨一下此处的归化策略是否恰当。袈裟是出家人的法衣。梵语的 kaṣāya 音译，意指不是正色。佛教戒律规定，出家人所穿的衣服须染色，不可着正色衣服。衣服因用长方形布片连缀而成，宛如水稻田的界画。❶ kaṣāya 一词进入汉语之初，因其是一个汉语中所空缺的文化意象，汉语译者便利用汉语形声字的造词方式新创了"袈裟"一词，其音意一望而知。两位译者都选择了 cassock 一词，而 cassock 是西方宗教中神职人员所穿的长袍、法衣，通常为黑色。cassock 与袈裟最大的区别是前者为衣袍，而后者仅为一块长方形的布。显然，把"袈裟"归译成为英语的 cassock 是不准确的。此词在小说中出现一百多次，读完全书后一个身着西方牧师长袍的佛教和尚形象已在译入语读者心中固化。鉴于此词出现频率较高，恰是文化交流的好契机，不宜

---

❶ 汉典 [EB/OL]. [2018-08-28]. http：//www.zdic.net/c/8/e2/227895.htm.

做简单的归化处理。有效的翻译能使译入语读者读完小说后便完全掌握该文化负载词的内涵,增长其源语文化知识,这也正是读者们阅读译著所期待的收获之一。那么,如何才能有效地翻译此词呢?最有效的方法是梵语 kaṣāya 音译配插图。绝大多数中国读者对此词的认知就是通过图文并茂获得的。当然,翻译近百万字的皇皇巨著,插图释义多有局限。那么,首次出现时音译加注脚或音译加释义的方式会优于简单的归化。

优婆塞和优婆夷

"优婆塞"音译自梵语的 upāsakas,指受五戒在家信佛的男子;"优婆夷"音译自梵语 upāsikās,指受五戒在家信佛的女子。詹译本把这两个词意译为 lay people,根据《朗文当代英语词典》lay man 指信教的非神职人员,语义切合。余译本则以梵音音译为 upāsakas 和 upāsikās。笔者认为此处詹译本的处理更得当。理由有三:其一,"优婆塞"和"优婆夷"二词并非佛教文化中的重要词汇,其所负载的文化信息并不为源语大众所熟知。其二,此二词在中国佛教文化词汇中已经被淘汰,现在一般使用"居士"一词,意指居家修道信佛者。其三,通常佛教词汇音译选取梵音,因为英梵二语同为印欧语系,便于语音转录,且英语读者对梵音词汇更熟悉。比如,佛教就译为 Buddhism 而非 Fojiao。但此处 upāsakas 和 upāsikās 并非常用重要词汇,在译入语读者的认知中,它们也仅仅是无意义的字母组合而已,只会阻碍对文本的欣赏,增加与文本的疏离感。

(2)梵语意译而来的文化负载词

汉语中的法力、世界、智慧、心田、心地、地狱、饿鬼、醍醐灌顶等许多词都是自梵语意译而来的。《西游记》中这些词,两位译者又是如何处理的呢?

这些词在进入汉语时就采用的是意译的策略,如今它们已完全与汉语融为一体,足见意译策略的有效性。因此,在英译此类文化负载词时,两位译者基本上都是采用意译的策略,主要差别有二。其一,身为宗教研究学者的余国藩会更多地使用加注的方式补充词条的佛教含义、佛教的背景故事等,如"火宅"一词的翻译。其二,余国藩会更多地选择宗教色彩浓厚的词汇来传译原文之意。试析数例以示差别。

火宅

《法华经·譬喻品》:"三界无安,犹如火宅。众苦充满,甚可怖畏,常有生老病死忧患,如是等火,炽然不息。"在佛教语境中,"火宅"比喻炽燃着烦恼火焰的轮回世界。

【第一百回】湿火宅之干焰,共拔迷途;朗金水之昏波,同臻彼岸。❶

【詹译本】The searing flames of fire have been damped down, and all have been saved from the ways of delusion; the muddied waves in the water of wisdom have been made clear once more as all gather on the other bank.❷

【余译本】Like that which quenches the fire in a burning house,[19] Buddhism works to save humanity lost on its way to perdition. Like a golden beam shining on darkened waters,[20] it leads the voyagers to ascend safely the other shore.❸

詹译本只译出了"干焰"而省略了"火宅"这一文化负载词。余译本直译为 a burning house,并加注补充了其后的典故。相比而言,余译本佛理明晰,更易理解。

醍醐灌顶

【第三十一回】那沙僧一闻孙悟空的三个字,便好似醍醐灌顶,甘露滋心。❹

---

❶ 吴承恩. 西游记[M]. 长春:长春出版社,2006:815.
❷ WU C E. Journey to the west:Vol. Ⅳ [M]. Beijing:Foreign Languages Press,2011:2307-2308.
❸ WU C E. The journey to the west:Vol. Ⅳ [M]. revised edition. Chicago:The University of Chicago Press,2012:378.
❹ 吴承恩. 西游记[M]. 长春:长春出版社,2006:250.

【詹译本】At the word "Monkey" Friar Sand felt as though the oil of enlightenment had been poured on his head and the sweet dew had enriched his heart. ❶

　　【余译本】When Sha Monk heard the name of Sun Wukong, he felt as if his head had been anointed with mellow wine, as if his heart had been moistened with sweet dew. ❷

　　两个翻译都晓畅明晰，在选词上詹译本采用普通动词 pour，而余译本采用了一个较为复杂的动词 anoint。anoint 有"宗教仪式上抹油使神圣化"之意，因此余译本用词更为准确。

　　此例中，两位译者对于"醍醐"的理解差异较大。《中华大辞典》将"醍醐"释意为"精制的奶酪，佛教比喻佛性或最高佛法"。一般辞书都从此义。由此可见，詹纳尔的理解是现在的正统。该字典中"醍"意为"较清的红色酒"，余国藩是否根据此种理解把"醍醐"译为 mellow wine？译者未加说明，但余国藩是知名的宗教学学者，此解或另有真意，笔者不敢妄下论断。

　　作为宗教学学者，余国藩对于书中的宗教知识和寓意极为重视，做了大量的学术研究，翻译时则尽可能把这些宗教寓意都传译出来。詹纳尔则认为原著所述的佛教也好，道教也罢，均非作者要弘扬的主旨，只是作者借用的形式而已。因此，詹纳尔在处理宗教相关的内容时更注重其在文本中的意义逻辑，并不深究其寓意。在宗教名物传译时，为便于目的语读者的理解，更多地把它们归译为相近的基督教名物。

3.3　语言风格

　　《西游记》脱胎于玄奘西天取经一事，自唐末至宋元已渐渐演绎成多种

---

❶ WU C E. Journey to the west：Vol. Ⅱ [M]. Beijing：Foreign Languages Press，2011：701.

❷ WU C E. The journey to the west：Vol. Ⅱ [M]. revised edition. Chicago：The University of Chicago Press，2012：76.

神话小说话本。至明代时，文人吴承恩将它们汇集成书。故而，小说中既有大量鲜活的俚俗方言，又有文人小说阐理明晰、诗词歌赋文采斐然的特点，雅俗共赏。

在《中国小说史略》中，鲁迅概括清人评议《西游记》为"或云劝学，或云谈禅，或云讲道"三种。❶然鲁迅以为，作者为儒生，"此书实则出于游戏"。❷《西游记》创作宗旨有宗教书说、隐喻说、幽默消遣说等，众说纷纭且言之凿凿。无论创作宗旨为何，《西游记》的幽默诙谐是众所公认的。那么，两个译本是如何再现原作语言风格的呢？下面就来看看俗语的翻译、幽默的再现和诗词的处理吧。

3.3.1 俗语的翻译

俗语"表达的内容丰富深刻，具有一定的知识性，能吸引和打动人们，表达效果好"。❸《西游记》有大量鲜活的俗语，俗语的翻译能否再现其精彩，这将直接影响到目的语读者对原作风格的体验以及对中国传统文化的理解。

【原　文】差之毫厘，失之千里。❹

【余译本】To err by a hair's breadth
　　　　Is to miss by a thousand miles! ❺

【詹译本】A little mistake can lead to a great disaster. ❻

此俗语对仗工整，合辙押韵，"毫厘""千里"对比夸张，给人以警示，音美、形美、意也美。余国藩完美再现了源语音形意之美，目的语读者能轻松获取其深意。"毫厘"和"千里"两个长度单位的处理非常巧妙。a hair's

---

❶❷ 鲁迅. 中国小说史略 [M]. 北京：商务印书馆，2011：155.

❸ 金路. 中国俗语 [M] 上海：东方出版中心，1996：1.

❹ 吴承恩. 西游记 [M]. 长春：长春出版社，2006：509.

❺ WU C E. The journey to the west：Vol. Ⅲ [M]. revised edition. Chicago：The University of Chicago Press，2012：174.

❻ WU C E. Journey to the west：Vol. Ⅲ [M]. Beijing：Foreign Languages Press，2011：1421.

breadth 是英语习语，表示极细微的距离，正合"毫厘"之意。"千里"译为 a thousand miles，不拘泥于"里"和 miles 的距离差异，因原文"千里"并不表示具体距离，只言其距离大。另外，若译成 a thousand li，看似更忠实于源语文化，实则让目的语读者无法迅速理解语意，造成不必要的阅读障碍。作为以源语为母语的译者，余国藩以尽可能忠实于原文和源语文化为己任，但并不固守执念，能灵活变通。这是一典型例子。

就此例而言，相对余译本，詹译本逊色许多，仅仅表达了俗语的意思，音形之美全无。这可能是由于汉语非詹纳尔的母语，他未能感受到这一俗语的音形之美。

【原　　文】人不可貌相，海水不可斗量。❶

【余译本】Do not judge a man by his face,

　　　　　Nor measure the sea by a vase. ❷

【詹译本】Your Majesty, you should no more judge people by their faces than you'd measure the sea with a bucket. ❸

此例翻译，余译本仍胜一筹，此不赘述。詹译本把此俗语融入上下文，增加了主语，这是詹纳尔母语特征的体现。但这样一来，原句俗语的独立性被消解。余译本保持了俗语的独立性，目的语读者可以随时借用，也使此译文有了沉淀为英语警句的可能。

此例中"斗"的处理，颇能体现译者的主观创造性。"斗"是中国的市制容量单位，也指计此容积的量器。此文中指量器。英文中没有对应的容量单位和容积量器，因而两位译者都采用了借译。詹纳尔借用 bucket，一种常见的盛水容器。余国藩则借用了 vase，装饰用的花瓶。vase 虽然主要是用于

---

❶ 吴承恩. 西游记 [M]. 长春：长春出版社，2006：509.

❷ WU C E. The journey to the west：Vol. Ⅲ [M]. revised edition. Chicago：The University of Chicago Press，2012：175.

❸ WU C E. Journey to the west：Vol. Ⅲ [M]. Beijing：Foreign Languages Press，2011：1422.

盛放鲜花的，但它是 a container, a jar，也能盛水。目的语读者能清楚地看出此处 vase 作为海水量器的功能。显然，余国藩的选词是为了和 face 押韵。

总的来说，对于原作中对仗押韵的俚俗语，余国藩都尽可能再现源语的音形美。詹纳尔则往往没有顾及音形，只专注于意义的传达。这显然是由译者的汉语造诣不同和主观能动性差异所致。在余国藩眼中，这些俗语是汉语中的珍珠，它们的光芒绝不会被忽略，因此余国藩便会竭尽所能在译文中再现它们的光芒。然而，詹纳尔没能更好地体会到它们的音形之美，只以意义的传达为己任。

3.3.2 幽默的再现

当代学者阎广林评价《西游记》为"喜剧文学之雄……达到中国喜剧精神的最高水平"❶。《西游记》的幽默诙谐贯穿全书，表现形式丰富多样，既有辛辣的讽刺，又有轻松的调笑，亦庄亦谐。情节冲突充满喜剧的张力，如：生死攸关之际，孙悟空犹戏谑妖怪，捉弄猪八戒。危机与调笑形成冲突，打破了读者的正常心理期待，极富喜剧性。人物形象也充满喜剧色彩。孙悟空好胜逞能、虚荣、爱捉弄人；猪八戒好吃懒做、贪财好色；唐僧迂腐胆小。作者在刻画艺术形象时，对他们的性格缺点进行善意的嘲讽，语言诙谐，让人忍俊不禁。误会、巧合、夸张、对比、重复等喜剧手法，借喻、双关、谐音、反语等修辞手法，作者信手拈来，创作出了中国喜剧文学集大成的扛鼎之作。误会、巧合等喜剧手法关涉情节，相对较为容易传译，双关、谐音等修辞手法，因英汉语音语义的差别，具有很强的抗翻译性。那么，两位译者如何传译《西游记》幽默的精髓之一——谐音的呢？试看两例。

第四十八回中通天河妖怪作法，把在冰面上行走的唐僧沉入河底，悟空问："师父何在？"

【第四十八回】八戒道："师父姓'陈'名'到底'啦，如今没处寻找。"❷

【余译本】"He changed his family name to Sink," [15] said Eight

---

❶ 阎广林. 笑：矜持与淡泊 [M]. 北京：国际文化出版公司，1989：94.

❷ 吴承恩. 西游记 [M]. 长春：长春出版社，2006：399.

Rules, "and his given name is To-the-Bottom.¹⁵ We don't know where to look for him."

原书注解：15. Sink To-the-Bottom: a pun on the homophones Chen^陈, the surname of Xuanzang, and chen^沉, meaning "to sink." ❶

【詹译本】"He's not the Tang Priest now," said Pig. "He's the Drowned Priest. We can't find him anywhere." ❷

师父已遇险，可猪八戒还有心情耍嘴，他巧妙地利用唐僧的俗家姓"陈"的谐音，告知悟空师父已经沉入河底。"陈""沉"在汉语里同音，可在英文中 Chen 和 sink 完全不同音。余国藩通过加注记录了谐音逗笑的过程。余译属于克里斯蒂安·诺德所说的纪实翻译（documentary translation）。❸但笔者以为此法使原作的文学性和趣味性大打折扣，有点像翻译笑话时说："这是个谐音笑话，大家笑吧。"而且 He changed his family name to Sink 会让实心肠的目的语读者丈二和尚摸不着头脑。余国藩一板一眼真实记录原文，詹纳尔则充分发挥了译者的创造性，通过 Tang 和 Drowned 巧妙地制造了一个谐音，合情合理，简单明了，妙趣横生，颇有原作的风采。

在谐音翻译时，余国藩多采用加注说明的方式。詹纳尔也尽量通过语义或语音关联创造新的谐音，但是难度相当大，因此他还是常常采用意译。

【第三十一回】行者道："且不必讲此闲话，只说老孙今日到你家里，你好怠慢了远客。虽无酒馔款待，头却是有的，**快快将头伸**

---

❶ WU C E. The journey to the west：Vol. Ⅱ [M]. revised edition. Chicago：The University of Chicago Press，2012：343.

❷ WU C E. Journey to the west：Vol. Ⅱ [M]. Beijing：Foreign Languages Press，2011：1105.

❸ NORD C. Translating as a purposeful activity：functionalist approaches explained[M]. Manchester：St. Jerome，1997：49.

过来,等老孙打一棍儿当茶!"❶

【余译本】...Stick it over here quickly and let old Monkey beat it once with the rod. I'll consider that my taking tea. ❷

【詹译本】...but you do have a head, so stretch it out and let me hit it with my cudgel—that'll do instead of tea. ❸

此例两位译者都是把"茶"直译为 tea。"让我打一棍,就当是喝茶啦"实在让人难以理解。目的语读者会不会觉得中国人太暴力了?其实此处"茶"谐音"镲"。镲又称为钹,属中国民乐中的打击乐器,镲是民间俗称。余国藩可能是一不留神,没看出来这里有用谐音。此处若加注说明,方能消除误解。

3.3.3 诗词的处理

汉语诗词英译本就是译界难事,《西游记》的诗词中又包含大量三教真如、易经八卦、阴阳五行、金丹修仙的术语和中医术语,运用了丰富的修辞,这使其翻译更是难上加难。因此,英语世界流传甚广的阿瑟·韦利英文节译本《西游记》(*Monkey: Folk Novel of China*)略译了其中的诗词。在其译本的自序中,韦利称那些诗词是"incidental passages, which go very badly into English"(无关紧要的段落,译成英语会非常糟糕)。❹ 但《西游记》的诗词韵文多达七百五十首❺,遍及全书百回,或写景状物,或写人品人,或叙述打斗场面,或传佛劝世。写景诗词不仅描写自然景致,也表示故事发生的时间、地点,还常常预示情节的发展,是故事的有机组成部分,不能随意省略。所以,余国藩认为阿瑟·韦利略译《西游记》中的诗词,"不仅作品基本的文学形式被扭曲,作品语言中许多曾经吸引了数代中国读者的叙事活

---

❶ 吴承恩. 西游记 [M]. 长春:长春出版社,2006:254.

❷ WU C E. The journey to the west:Vol. Ⅱ [M]. revised edition. Chicago:The University of Chicago Press,2012:82.

❸ WU C E. Journey to the west:Vol. Ⅱ [M]. Beijing:Foreign Languages Press,2011:711.

❹ WU C E. Monkey:folk novel of China [M]. New York:Grove Press Inc.,1980:7.

❺ WU C E. The Journey to the west:Vol. Ⅰ [M]. revised edition. Chicago:The University of Chicago Press,2012:xiii.

力和描述力量也丢失了"❶，还有损文本的有机统一。为了弥补这一遗憾，余国藩十四载殚精竭虑，悉数译出其中的诗词。詹纳尔认为《西游记》小说中的大量诗词与说书人制造悬念、发表评论时所用的诗文一脉相承。书中的诗词大都是拙朴的，是一种文字游戏，而非真正经典的古诗词。❷可见，詹纳尔也认为诗文是小说叙事的有机组成部分，因此詹纳尔译本也全译了诗词韵文。但由于他认为这些诗文质量不高，故所译诗文质量也一般。詹译本几乎都是无韵诗体，而余译本尽可能再现源语的音韵美，因而学界普遍认为余译本的韵文翻译更胜一筹。

如第一回开篇诗：

> 混沌未分天地乱，茫茫渺渺无人见。
> 自从盘古破鸿蒙，开辟从兹清浊辨。
> 覆载群生仰至仁，发明万物皆成善。
> 欲知造化会元功，须看《西游释厄传》。❸

对比两位译者的译文，余国藩将前两句译为"Ere Chaos's divide, with Heaven and Earth a mess/No human appeared in this murkiness."❹，合辙押韵，古色古香。相比而言，詹纳尔的译文"Before Chaos was divided, Heaven and Earth were one / All was a shapeless blur, and no men had appeared."❺就显得直白浅显了。而下文对"自从盘古破鸿蒙，开辟从兹清浊辨"两句的翻译，余译为"When Pan Gu broke the nebula apart / The dense and pure defined, did clearing start."，相比于詹译的"Once Pan Gu destroyed the Enormous Vagueness/

---

❶ WU C E. The journey to the west：Vol. Ⅰ [M]. revised edition. Chicago：The University of Chicago Press，2012：xiii.

❷ WU C E. Journey to the west：Vol. Ⅲ [M]. Beijing：Foreign Languages Press，2002：637-638.

❸ 吴承恩. 西游记 [M]. 长春：长春出版社，2006：1.

❹ WU C E. The journey to the west：Vol. Ⅰ [M]. revised edition. Chicago：The University of Chicago Press，2012：99.

❺ WU C E. Journey to the west：Vol. Ⅰ [M]. Beijing：Foreign Languages Press，2011：1.

The separation of clear and impure began. ",句式更加具有文学意味,用 the nebula(星云)来翻译"鸿蒙",能体现汉语此词的氤氲混沌,"开辟"二字的翻译,余所用的 broke... apart 比詹用的 destroyed 要更确切。对于诗尾的《西游释厄传》,余译为 Tale of Woes Dispelled on Journey West,詹译为 Difficulties Resolved on the Journey to the West,比较而言,"厄"这个词包含诸多苦难,用 woes 要比 difficulties 更能体现这个佛家用语的言简意深。

《西游记》中的诗词还有一个特点,那就是语含机锋、含蓄诙谐,翻译起来难度很大。例如,药名诗是一种文字游戏,以中药名入诗,或取其字面意思,或取其谐音,其中微妙,不懂医理的中国人都难以参透,更别说用外语来释译。且看第三十六回唐僧在旅途中自我感叹的一首诗:

> 自从益智登山盟,王不留行送出城。
> 路上相逢三棱子,途中催趱马兜铃。
> 寻坡转洞求荆芥,迈岭登山拜茯苓。
> 防己一身如竹沥,茴香何日拜朝廷?❶

诗中嵌入了益智、王不留行、三棱子、马兜铃、荆芥、茯苓、防己、竹沥、茴香九味药材,而且谐音与感慨丝丝入扣,物我一体,情景交融,给翻译制造了很多困难,具有很强的不可译性。余国藩采用字面直译,王不留行译为 the king did not wait,三棱子译为 the three-cornered sedge,马兜铃译为 my horse decked with bridle bells,后四句里的荆芥、茯苓、防己、竹沥、茴香都没有翻译,只按谐音意译为 "To find scriptures I searched steep slopes and streams; To bow to Buddha's spirit I scaled the peaks. If myself I guard to complete my tour, When may I go home to bow to the court?" ❷,没有把药名直译出来。詹纳尔的译文则更为简洁明了:"After I grew in wisdom and took my vows, His

---

❶ 吴承恩. 西游记 [M]. 长春:长春出版社,2006:291.

❷ WU C E. The journey to the west:Vol. II [M]. revised edition. Chicago:The University of Chicago Press,2012:148–149.

Majesty escorted me from the capital..."❶。两位译者都译出了诗的形式，都没有韵脚。遣词造句方面也并无优劣之分。中药药名都是按字面意或谐音词意翻译的。显然，意义的传达是首要的。若一味注重形式，把中药名译成对应的拉丁名，则必然让人不知所云，译尤未译。

两者的最大差别在于注脚。詹译本只译出诗的意思，药名完全弃之不顾，但在此加了一个脚注加以说明："These verses contain many plays on the names of traditional Chinese medical drugs that cannot be kept in translation."。（这些诗句含有很多中药名目的文字游戏，无法翻译。）余译本加注详细解释了此药名诗的奥妙，如："Line 1—resolved, yizhi 益智, alpinia sp., is read as 一志, determined, singlemindedness"（第一行—resolved，益智，谐音一志，意为"决心，一心一意"）。余国藩在注解中用了汉语拼音、汉字、拉丁名和英语，解析清晰易懂。这不仅体现了余国藩严谨的态度和广博的知识，还是他翻译理论的有力佐证。他认为"编码于一特定的语言和文化的秘密能被参透、传播和共享"。❷余国藩先生用作品向世人证明此言不虚。

著名汉学家蒲安迪（Andrew H. Plaks）在评论余译本时提醒学界，不应低估西方读者对中国文学特质的理解和接受能力，不应妄言西方读者无法理解中国文学，对其不感兴趣。❸当下，以"不能理解""不感兴趣"为由，在翻译时对汉语文化任意删节篡改，这种现象仍然很常见。余国藩以自己的灼见，以创造性的作品启迪着后继的文化译者们。

余译本的 I met on the way the three-cornered sedge（途中遇到一种叫三棱子的草药）令人费解。"三棱子"在诗中的意思应该是指悟空、八戒和沙僧三个徒弟。这一句詹译本更佳。詹译本的"益智"是取其字面意思"智慧增长"，不妥。一则诗句语义逻辑不通，"益智"和"立誓"非并列关系；二

---

❶ WU C E. Journey to the west：Vol. Ⅱ [M]. Beijing：Foreign Languages Press，2011：812-813.

❷ YU A C. Readability：religion and the reception of translation[J]. Chinese Literature：Essays，Articles，Reviews（CLEAR），1998（20）：91.

❸ PLAKS A H. Reviewed work（s）：the journey to the west[J]. Modern Language Notes，1977（92）：1117.

则与事实有悖，唐僧立誓取经，取得真经后方能益智。此处，余译本的"一志"更合理。此外，詹译本的 as if behind a fence 不知为何意。莫非以为"竹沥"谐音"竹篱"？

四、译本对比总结

有一千个读者就有一千个哈姆莱特。译者首先也是读者。《西游记》诸译者对原著主旨的解读就千差万别。李提摩太认为原著是"史诗与寓言"（Epic and Allegory）类型的作品。阿瑟·韦利认定原著有明显的寓言成分，故冠之以"民间故事"（folklore）。译者不同的视角必然折射出原著的不同色彩。

作为宗教和文学双博士，余国藩强调《西游记》严肃的宗教寓意和复杂的寓言—叙事结构，称之为"三教合一"式寓言作品的典范；认为原著的韵文文采灿然，堪比《伊利亚特》《神曲》以及《仙后》等西方寓言史诗。余译本有几大显著特征。第一，诗词歌赋，乃至人物对话中引用的诗句，全部译出，且译文尽量复现韵文之美。第二，文化注解丰富翔实，尤其是宗教文化方面，尽显译者作为宗教学学者之博学和治学之严谨。目的语读者不仅是在读一本中国古典小说，也打开了了解中国文化的一扇窗。第三，涉及佛教术语的翻译，几乎都是采用的梵语音译。其中不为英语世界熟知的那些梵语音译词将强化读者的阅读焦虑。第四，注解中出现大量拼音和汉字，由此可见，余国藩的目标读者应具有一定的汉语知识才能更充分地读懂其信息量巨大的注解。第五，余译本序言洋洋洒洒近百页，展现了译者在翻译过程中严谨的研究和缜密的思索过程，彰显了译者的主体性。

詹纳尔认为书中的佛教信息并不严谨，甚至有一些谬误。书中虽有较浓厚的道教色彩，但作者严厉批判祸国殃民的道士，显然也没有把宣传道教当作主旨。他认为小说的象征意义并不僵化，而是可以适用于广阔生活的真理。❶詹纳尔眼中的原著是一部幽默诙谐的通俗小说经典。詹纳尔以向目的

---

❶ WU C E. Journey to the west：Vol. Ⅲ [M]. Beijing：Foreign Languages Press，2002：643-645.

语读者再现原著阅读的愉悦为己任,并在"译者后记"中告诉读者"去欣赏书中的智慧、幽默和各种评古论今,各种新奇的虚构故事吧"❶。因此,詹纳尔的译文更多地靠近译语读者,语言更通俗易懂。

参考文献

[1] BARISH J. Hats, clocks and dublets: some shakespearean anachronisms [M]// Shakespeare's universe: renaissance ideas and conventions. London: Aldershot, Hants, Scolar Press, 1996.

[2] Cambridge Dictionary [EB/OL]. [2018-08-28]. https://dictionary.cambridge.org/dictionary/english-chinese-simplified.

[3] NORD C. Translating as a purposeful activity: functionalist approaches explained [M]. Manchester: St. Jerome, 1997.

[4] PLAKS A H. Reviewed work(s): the journey to the west [J]. Modern Language Notes, 1977(92).

[5] WU C E. The journey to the west [M]. revised edition. Chicago: The University of Chicago Press, 2012.

[6] WU C E. Journey to the west [M]. Beijing: Foreign Languages Press, 2011.

[7] WU C E. Monkey [M]. New York: Grove Press, 1970.

[8] WU C E. Monkey: folk novel of China [M]. New York: Grove Press Inc., 1980.

[9] YU A C. Readability: religion and the reception of translation [J]. Chinese literature: essays, articles, reviews(CLEAR), 1998(20).

[10] 汉典 [EB/OL]. [2018-08-28]. http://www.zdic.net/c/4/151/335695.htm.

[11] 胡适.《西游记》序言:西游记考证 [M] // 吴承恩. 西游记. 上海:亚东图书馆, 1921.

[12] 金路. 中国俗语 [M] 上海: 东方出版中心, 1996.

---

❶ WU C E. Journey to the west: Vol. Ⅲ [M]. Beijing: Foreign Languages Press, 2002: 645-646.

[13] 鲁迅.中国小说史略[M].北京：商务印书馆，2011.

[14] 吴承恩.西游记[M].长春：长春出版社，2006.

[15] 阎广林.笑：矜持与淡泊[M].北京：国际文化出版公司，1989.

[16] 作家出版社编辑部.西游记研究论文集[C].北京：作家出版社，1957.

第三编

梨园竞秀：
古典戏剧英译比较

第一章　姹紫嫣红开遍：白之与汪榕培《牡丹亭》译本比较

一、《牡丹亭》概述

《牡丹亭》是明代戏曲家汤显祖的代表作，创作于明朝万历二十六年，讲述的是宋光宗时期南安太守杜宝之女杜丽娘因梦生情，因情而亡，又因情还魂的离奇故事，因此又称《还魂记》。后人将其与汤显祖创作的《邯郸记》《南柯记》和《紫钗记》一起称为"临川四梦"，或"玉茗堂四梦"。汤显祖在《牡丹亭题词》中提到"传杜太守事者，仿佛晋武都守李仲文、广州守冯孝将儿女事。予稍为更而演之。至于杜守收拷柳生，亦如汉睢阳王收拷谈生也"❶，指《牡丹亭》来源于《搜神后记》和《太平广记》中记载的女子死后还魂的故事。但今人经过研究，一般认为《牡丹亭》是在明朝话本《杜丽娘慕色还魂记》的基础上改编而成。❷汤显祖将原本不足四千字的话本小说改编成了共五十五出的戏剧，对原有故事情节进行了扩充，将原话本才子佳人有情人终成眷属的故事改编成年轻人反封建父权、追求婚恋自主，甚至不惜牺牲生命而为此抗争，最终取得胜利的浪漫主义和批判现实主义兼具的戏剧。经汤显祖改编后，《牡丹亭》摆脱了原话本小说才子佳人大团圆的俗套，其思想性和艺术性都远远超过了同时代的同类戏剧作品，以至于《牡丹亭》一出便"家传户诵，几令《西厢》减价"❸。

---

❶ 汤显祖.题词[M]//汤显祖.牡丹亭.蔺文锐，译注.北京：中华书局，2016：1.
❷ 蔺文锐.前言[M]//汤显祖.牡丹亭.蔺文锐，译注.北京：中华书局，2016：1-2.
❸ 此评价来自于明朝沈德符的《顾曲杂言》。载 蔺文锐.前言[M]//汤显祖.牡丹亭.蔺文锐，译注.北京：中华书局，2016：1.

汤显祖的《牡丹亭》自问世以来四百余年间一直在戏曲舞台上传唱不衰,可谓成功的场上之作,但其在刚问世时却因声律问题引起了剧坛的纷争,即明代戏剧史上有名的"汤沈之争"。当时以沈璟为代表的吴江派厘定了一部《南九宫十三调曲谱》以规范传奇剧作者的创作,受到了很多传奇家、填词家的追捧。依照这部《南九宫十三调曲谱》,明代不少曲坛大家认为汤显祖的《牡丹亭》虽故事精彩、文辞华丽,用韵却太过随意,不合昆曲音律,因此当时陆续出现了《牡丹亭》的各种删改本,如沈璟的改本《同梦记》、冯梦龙的改本《风流梦》、吕玉绳的改本、臧懋循的改本和徐日曦的硕园改本。❶ 这些改本均对汤显祖的《牡丹亭》进行了删改,或调换、合并、拆分场次。汤显祖对此非常反感,认为:"凡文以意趣神色为主。四者到时,或有丽词俊音可用,尔时能一一顾九宫四声否?如必按字摸声,即有窒滞迸拽之苦,恐不能成句矣。"❷ 显然,在汤显祖看来,戏剧的意趣神色要比音律更加重要。意趣神色是作品的内容、风格和精神,音律是作品的表现形式;当意趣神色与音律发生矛盾时,音律应服从意趣神色。沈璟认为戏剧作品要服从音律,唱起来悦耳才能成为好的场上之作;汤显祖则强调作品的内容和风貌,不惜为意趣而犯调,二者的主要分歧就在于此。

明代,江南各地的家班演出《牡丹亭》时所用底本也受"汤沈之争"的影响分为两派:有的用汤显祖的原本演出,也有的按其他曲家的删改本演出。到清朝康熙乾隆年间,花部戏的兴盛造成昆曲的衰落,昆曲的全本演出逐渐减少,折子戏成了昆曲演出的主流形式。原本《牡丹亭》五十五出全本演下来至少需要两天的时间,折子戏大大缩短了演出时间。因此自乾隆年间以后,以折子戏形式演出为主的《牡丹亭》底本基本抛弃了明代的删改本,改为采用汤显祖的原作。❸ 到了清朝后期和民国时期,京剧成为戏剧表

---

❶ 金鸿达.《牡丹亭》在昆曲舞台上的流变[M]//叶长海.牡丹亭:案头与场上.上海:上海三联书店,2008:156.

❷ 汤显祖.玉茗堂尺牍之一:答吕姜山[M]//汤显祖.汤显祖全集:二.徐朔方,笺校.北京:北京古籍出版社,1999:1302.

❸ 金鸿达.《牡丹亭》在昆曲舞台上的流变[M]//叶长海.牡丹亭:案头与场上.上海:上海三联书店,2008:162.

演的主流，昆曲日渐成为小众艺术，但《牡丹亭》仍是昆曲表演中重要的保留曲目。当时的京剧演员大都有学习昆曲表演的传统，例如梅兰芳出身京剧世家，年少时系统地学习过昆曲，在他的演艺生涯中曾多次演出昆曲《牡丹亭》剧目《春香闹学》和《游园惊梦》，其中《游园惊梦》更堪称他的经典之作，深受观众欢迎。中华人民共和国成立后，各地相继成立昆剧院，20世纪80—90年代，上海昆剧团、江苏省昆剧院和北方昆曲剧院相继排演了昆曲《牡丹亭》，有几个折子戏的串演，也有全本的演出，但都是改编本，从现代人的观点重新诠释汤显祖的原作。

英语世界对《牡丹亭》的翻译最早来自英国人哈罗德·艾克顿（Harold Acton）。艾克顿1932年来到中国，在北京大学讲授英国文学，同时他也向西方读者译介了大量中国现代诗歌和中国戏剧。艾克顿对中国文化十分痴迷，经常听京剧和说唱大鼓，因此萌生了翻译京剧的念头。1939年，艾克顿将《牡丹亭》京剧剧本《春香闹学》翻译成英文发表在上海《天下》杂志社出版的英文期刊《天下月刊》（*Tien Hsia Monthly*）上。这成了《牡丹亭》的第一个英文选译本。从1939年至今，《牡丹亭》的各种英文译本共有十四部之多，其中大部分是选译本，英文全译本只有四个，分别是白之1980年全译本、张光前1994年全译本、汪榕培2000年全译本，以及许渊冲、许明父子合译的2009年全译本。

二、译者背景

2.1 白之

白之（Cyril Birch，1925—2018），著名汉学家，主要研究方向为中国明代戏剧和传奇。白之1925年生于英国兰开夏郡，1954年毕业于伦敦大学东方与非洲研究学院，获中国文学博士学位。1960年开始，白之在加州大学伯克利分校的东语系教中文，后升为中文与比较文学教授，并曾担任系主任职务。1991年，白之以加州大学伯克利分校荣誉退休教授的身份退休。白之翻译了多种中国古典和现代文学作品，尤以翻译明代戏剧和传奇而著称，主要译作包括《牡丹亭》《燕子笺》《娇红记》《桃花扇》等。此外，白之还编撰了多种中国古典小说和戏剧选,如《明代故事选》《中国文学选本》《中国文学体裁研究》《大臣们看的戏:明朝的精英剧场》等。

由于有大量的翻译实践经验,白之对中国戏剧翻译过程中的困难有深刻的体会。在《中国戏剧翻译:问题和可能性》和《元明戏剧的翻译与移植:困难与可能性》❶两篇文章中,白之分析了唐纳德·基恩、柯润璞、理查德·杨等人在翻译中国戏剧时遇到的困难,如复杂的戏曲专业词汇、文字游戏、唱词韵律节奏等,指出中西戏剧诗学传统的差异,并探讨了解决的方法和翻译的原则。白之赞同意大利裔美国诗人、《神曲》的翻译者约翰·西阿迪(John Ciardi)的主张,认为在翻译过程中要"从心所欲"❷(itch and twitch),根据实际情况靠感觉来决定怎么翻译;但同时他又提醒读者"从心所欲"并不是为所欲为,而应受制于过去的实践经验以及在这些经验上积累所得的理论。此外,白之还强调保留戏剧中的意象,但要避免刻意追求押韵,也无须处处和原文的节奏保持一致。

2.2 汪榕培

汪榕培(1942—2017),1964年本科毕业于上海外国语学院英语系,1967年研究生毕业于复旦大学外文系。其后,汪榕培在大连外国语学院、杭州师范大学、沈阳工业学院、锦州工学院和大连大学等多所院校任教,1985年升为教授,主要研究方向为英美文学和词汇学。汪榕培的论著主要涉及英语词汇学、中国古典文学英译和中西文化比较三个方面。他于1983年出版的《实用英语词汇学》是我国在这一学术领域中的第一部专著。在中国古典文学英译和中西文化比较等方面,汪榕培教授也取得了很大的成就,先后翻译完成了《英译老子》《英译易经》《英译诗经》《英译庄子》《英译汉魏六朝诗三百首》《英译孔雀东南飞·木兰诗》《英译陶诗》《英译牡丹亭》《英译邯郸记》《陶渊明集》《吴歌精华》《评弹精华》《昆曲精华》《苏剧精华》等译

---

❶ 西利尔·白之. 元明戏剧的翻译与移植:困难与可能性 [M] // 西利尔·白之. 白之比较文学论文集. 微周,等译. 长沙:湖南文艺出版社,1987:72-87.

❷ 西利尔·白之. 元明戏剧的翻译与移植:困难与可能性 [M] // 西利尔·白之. 白之比较文学论文集. 微周,等译. 长沙:湖南文艺出版社,1987:73.

著，其中八种入选"大中华文库"，为当今典籍英译翻译家中被选数量最多者。在这些英译作品中，汪榕培教授对汤显祖的戏剧情有独钟，翻译完成汤显祖的"临川四梦"和《紫箫记》五部戏剧。

汪榕培的主要翻译理念是"传神达意"。他指出"传神"的译作应该给人生动逼真的印象；而就译诗而言，要给人原诗生动逼真的印象，需要尽可能保持原诗的风貌，也就是通常所说的以诗译诗。从形式方面来看，诗节的行数，诗行的长短、节奏和韵律都能相同或相似自然是最理想的；❶但同时他也指出要做到形式相似并非易事，所以更重要的是"神似"，即精神实质上的对应或相似，而不是字对字、句对句的对应。❷"达意"是指表达思想意义。汪榕培强调译者应对译文有正确的理解，因为"译诗者的理解是他用外语表达的基础，只有他自己把握住原诗的精神实质才有可能把它'生动逼真'地再现出来"❸。

三、译本对比

3.1 翻译底本的选择以及书名、人名、曲牌名的翻译

汤显祖的《牡丹亭》在历史上曾出现过一些删改本，如上文提到的沈璟改本《同梦记》、臧懋循改本和硕园改本等。清朝折子戏流行和京剧兴起之后，虽然昆曲《牡丹亭》折子戏的底本基本用回了汤显祖的原本，但其他一些剧种（如京剧）在演绎《牡丹亭》时，由于舞台表演方式、唱腔和音律与昆曲不同，都对汤显祖的原本做了相应的改编。这造成《牡丹亭》的第一个英语译介版本，哈罗德·艾克顿翻译的《春香闹学》采用了当时流行的京剧《牡丹亭》改编本，而不是汤显祖的原本。1960年杨宪益、戴乃迭夫妇翻译的《牡丹亭》英译选本也没用汤显祖原本，而是以17世纪上半叶毛晋《六十种曲》所收录的昌硕园删订版《牡丹亭》为蓝本，选择了其中的十一出翻译成英文。但迄今为止的四个《牡丹亭》全译本——白之全译本、张光

---

❶ 汪榕培.传神达意译《诗经》[J].外语与外语教学，1994，78(4)：11.
❷ 汪榕培.传神达意译《诗经》[J].外语与外语教学，1994，78(4)：12.
❸ 汪榕培.传神达意译《诗经》[J].外语与外语教学，1994，78(4)：13.

前全译本、汪榕培全译本和许渊冲全译本都是以汤显祖的《牡丹亭》为蓝本翻译的。白之选用的是徐朔方和杨笑梅校注的1958年上海古典文学出版社和1963年人民文学出版社出版的《牡丹亭》。汪榕培英译本《牡丹亭》说明中谈到他选用的翻译底本也是徐朔方和杨笑梅校注的《牡丹亭》，但未明确指出是哪一年的版本。❶

在书名的翻译上，国内外对《牡丹亭》书名的翻译基本分为两种：一种以拼音的形式直接将书名翻译出来，如最早译介《牡丹亭》的哈罗德·艾克顿在翻译《春香闹学》时，直接将题名翻译成 *Ch'un-Hsiang Nao Hsueh*，而后来翟楚和翟文伯在翻译《牡丹亭》书名时将其翻译成 *Mao Tan Ting*；但绝大多数译者采用意译的方式，将《牡丹亭》翻译成 *The Peony Pavilion* 或 *Dream in Peony Pavilion*。白之和汪榕培都将《牡丹亭》翻译成 *The Peony Pavilion*。

如果说在书名的翻译上还看不太出白之译本和汪榕培译本的区别以及二人翻译策略的区别的话，二人在曲牌名、人名的翻译上则出现了一些差别。以《牡丹亭》第一出《标目》为例，原文以末唱曲牌【蝶恋花】开场：

【蝶恋花】（末上）忙处抛人闲处住。百计思量，没个为欢处。白日消磨肠断句，世间只有情难诉。玉茗堂前朝复暮，红烛迎人，俊得江山助。但是相思莫相负，牡丹亭上三生路。

白之在正文中没有翻译曲牌名，只在唱词开始前用罗马数字标记，在全译本的书后附有一张与前文数字对应的曲牌名表（曲牌名按读音直译）。例如，他在唱词第一句"By busy world rejected, in my own world of retreat"之前用一个"I"来作标记，翻到书后的曲牌名表中可以查到第一出第一个曲牌名是 Die lian hua。白之对剧中出现的词牌名都没有翻译。例如，第一出《标目》中末唱【蝶恋花】一曲之后紧接着就是一阙词【汉宫春】，在白

---

❶ 汪榕培. 说明[M] // 汤显祖. 牡丹亭. 汪榕培，译. 上海：上海外语教育出版社，2000：773.

之的译文中没有翻译【汉宫春】这个词牌名。第二出《言怀》中生角的上场诗用的是词牌【鹧鸪天】，这个词牌名在译文中也没有翻译。但白之在 A note on layout 中说明了不翻译词牌名的原因："因为这些词是吟诵的，而不是用来唱的，与音乐结构无关。"❶ 汪榕培的译本则在每支曲子开始前另起一行，用括号标出应该唱什么曲牌，如【蝶恋花】汪榕培译成"（to the tune of Dielianhua）"。汪榕培的英译文本中也没有翻译词牌名，这或许与他使用的《牡丹亭》中文版本有关——上海外语教育出版社于 2000 年出版的汪榕培英译《牡丹亭》是以中英对照的形式排版的。在该版本的中文文本中，这些词牌名也是缺失的。

在名称的翻译方面，白之和汪榕培都以人物的姓名或身份取代原文中中国戏曲特有的角色名称"生、旦、贴、末"等的译法。例如，《标目》中的"末"，白之翻译成 prologue speaker❷，汪榕培译作 announcer❸，指"末"在此处的功能身份是开场说话的人。但在人名的翻译上，二者稍有不同。汪榕培对主要人物姓名都是直译，如将杜丽娘、柳梦梅、杜宝按普通话发音译成 Du Liniang, Liu Mengmei, Du Bao；少数原文中名字是外号的则按原文中字面意思译出，如将郭驼翻译成 Hunchback Guo，将癞头鼋翻译成 Scabby Turtle。白之的译本中则将男性角色的姓名按汉语拼音发音直译，把女性角色的名字都加以意译，如柳梦梅被译成 Liu Mengmei，杜丽娘却被译成 Bridal Du，春香被译成 Fragrance，石道姑被译成 Sister Stone。有学者认为白之的这种操作是受西方戏剧诗学形式的影响，不得已而为之，"毕竟明传奇或南戏的这种戏剧形式在英语世界鲜有出现过，以这种方式更容易获得英语读者的好感，也有利于《牡丹亭》其他内容甚至是全译本的后续译介"❹。但研究元明清戏剧的专家徐朔方则对白之的译法持有异议，对白之把杜丽娘翻译成 Bridal Du

---

❶ CYRIL B. A note on layout [M] // TANG X Z. The peony pavilion. Bloomington：Indiana University Press，1980：xv.

❷ TANG X Z. The peony pavilion[M]. Bloomington：Indiana University Press，1980：1.

❸ 汤显祖. 牡丹亭 [M]. 汪榕培，译. 上海：上海外语教育出版社，2000：3.

❹ 赵征军. 中国戏剧典籍译介研究：以《牡丹亭》的英译与传播为中心 [M]. 北京：中国社会科学出版社，2015：88.

（杜新娘）颇有微词❶，认为"丽娘"无论如何与"新娘"扯不上关系。在地名的翻译上，两位译者都是以直译为主，意译为辅，或直译意译配合的方法翻译。例如，剧中的淮扬、南安、潮阳等地名都被按普通话发音翻译成 Huaiyang、Nan'an、Chaoyang 等；而牡丹亭都被意译为 Peony Pavilion。但值得注意的是某些名称，如"玉茗堂"，白之仍意译为 Hall of Limpid Tea，而汪榕培由于不是字字对应的翻译，译文中完全没有出现这个名称。

综上所述，白之和汪榕培无论在翻译底本选择还是在名称翻译上都基本保持一致。二人都选择了当时最具权威性的徐朔方和杨笑梅校注的《牡丹亭》作为底本，并都对《牡丹亭》做过深入的研究，这显示出两位译者的翻译态度非常严谨认真。在翻译名称（书名、人名、地名）时，两位译者都采取了直译和意译相结合的方法。不同之处在于汪榕培在翻译时以直译为主，而白之较多采取直译、意译相结合的方法。

3.2 形式和语言风格

翻译中的形式和语言风格移植是一个难题，学者和译者们在这方面做了很多探索和研究，包括吕叔湘、许渊冲、翁显良、汪榕培等在内的国内著名学者都对此问题发表过自己的看法，并参与了翻译实践。研究者们讨论得最多的一个问题就是：中文韵文翻译成英文时应该用散体还是韵文？关于这个问题的看法可以说是众说纷纭，但总体归纳起来无非三种：第一种主张用散体翻译，第二种主张用诗体翻译，第三种主张用散文来翻译。也有学者归纳了近现代的诗歌韵文翻译作品，指出早期西方译者翻译诗歌时倾向于用诗体，近期西方译者包括海外华裔在翻译诗歌时则倾向于用散体；中国国内的情况正好相反，20 世纪 50—60 年代的出版物英译中一般用散体，20 世纪 80 年代后却越来越倾向于用诗体。❷ 白之和汪榕培的《牡丹亭》译本倒正好符合最后这种看法。

白之和汪榕培的《牡丹亭》译本在形式上最明显的一个不同就在于唱词

---

❶ 徐朔方. 牡丹亭英译版序 [M] // 汤显祖. 牡丹亭. 汪榕培, 译. 上海：上海外语教育出版社, 2000：775.

❷ 潘文国. 英译中诗鉴赏论略 [J]. 文艺理论研究, 1993（3）：73.

的翻译：白之是用无韵的散体诗来翻译原著中的唱词，而汪榕培是用韵文来翻译原著中的唱词。以《惊梦》一出中最有名的【步步娇】一曲为例：

【步步娇】（旦）袅晴丝吹来闲庭院，摇漾春如线。停半晌，整花钿。没揣菱花，偷人半面，迤逗的彩云偏。（行介）我步香闺怎便把全身现。❶

白之的译文没有刻意追求格式与原文一致。首先，白之翻译的唱词没有像原文一样押尾韵；其次，白之还打破了原文诗行的顺序，没有遵照原文诗行的断句和诗行的前后顺序来翻译。例如，"袅晴丝吹来闲庭院"一句，八个音节包含了"袅""晴丝""吹来""闲""庭院"五组词义。如果按原文把这八个字都翻译成一句英文（a rippling thread of gossamer in the sun borned idly across the court），则一行英文诗有十三个单词、十八个音节；这种超长的英文诗行在英文诗歌中是非常罕见的。白之将这一长句从中切割成两部分，并在中间插入了"摇漾春如线"一句的英文译文，使原文的两句变成了译文中的三句"The spring a rippling thread/of gossamer gleaming sinuous in the sun/borned idly across the court"❷。这样每句诗行的音节数都差不多，与原文每一行的音节数也近似，读上去有了英文诗歌的节奏感。这种打破原文诗行次序的做法是十分大胆的，却是译者在翻译时为了保证译文能传达出原文的意思而不得不采取的一种做法，这也是白之在翻译《牡丹亭》时经常采用的一种方法。例如，此曲结尾"我步香闺怎便把全身现"一句，白之也将其切割成两句："Walking here in my chamber/ how should I dare let others see my form!"。❸

但放弃用韵文翻译并不意味着白之完全放弃了在译文中传递原文的音律之美。白之在译文中时常用到头韵、拟声、排比等英文诗歌中常用的修辞手法，以期展现原文音律的风采，如【步步娇】译文中的"**h**eads of **h**air""sp**r**ing/**r**ipp**l**ing/g**l**ea**m**ing""**s**inuou**s** in the **s**un""**h**alf-glance at my **h**air"

---

❶ 汤显祖. 牡丹亭 [M]. 汪榕培, 译. 上海：上海外语教育出版社, 2000：112.

❷❸ TANG X Z. The peony pavilion [M]. Bloomington：Indiana University Press, 1980：43.

等句用了古英语诗歌中常用的拟声和头韵的方法凸显文字的节奏感。又如《惊梦》一出中非常著名的【皂罗袍】有一句："原来姹紫嫣红开遍，似这般都付与断井颓垣。良辰美景奈何天，赏心乐事谁家院！"白之的译文将"姹紫嫣红"译成"deepest purple, brightest scarlet"，将"良辰美景"译成"bright the morn, lovely the scene"，英文句式再现了中文诗词中最讲究的对称之美。

事实上，白之在翻译唱词时也不全都用无韵散体。在翻译一些戏谑、喜剧性的台词时，白之就常利用尾韵来突出句子的节奏感和俚俗打油诗类型的喜剧感。例如，第三十五出《回生》中，癞头鼋一上场就唱了一段【字字双】："猪尿泡疙疸偌卢胡，没裤。铧锹儿入的土花疏，没骨。活小娘不要去做鬼婆夫，没路。偷坟贼拿到做个地官符，没趣。"❶

昆曲中丑、净上场习惯用一些类似引子性质的曲牌，如【五方鬼】【光光乍】和【字字双】等，都是一些村坊小曲性质的曲子，风格比较俚俗逗趣，句句押韵。这一段白之的翻译为"Balls bigs as gourds, like warts on a hog: /no pants. / Dig the soil and it all comes apart: / no chance. / Live bride not good enough, he's after a ghost: /no sense. / Caught robbing graves, get buried alive: / no thanks!"。白之的译文虽没有照原文逐字逐句地翻译，但与原文"长句＋短词"的句子结构基本一致，将 no pants、no chance、no sense、no thanks 单独列一行加以强调，并且都押了辅音 /s/ 的韵脚，用词也比较简单粗俗，使这一段译文整体上还原了原文癞头鼋口占的类似打油诗的村俚小曲风格。

总体而言，从以上分析可以看出白之不支持用英文韵文来翻译中国古典戏剧中的唱词。事实上，白之不但有充足的翻译实践经验，还对中国明代戏剧和传奇做过深入的研究，撰写过大量关于中国古典戏剧的论文。从他撰写的论文来看，白之对如何翻译中国古典戏剧中唱词的节奏和韵律这个问题有着自己独特而鲜明的看法。例如，他分析了唐纳德·基恩（Donald Keene）使用素体诗（blank verse）翻译元杂剧《汉宫秋》的做法，指出在特定的场合下使用素体诗翻译词曲，若译文的节奏、句式与原文一致，效果会非常

---

❶ 汤显祖. 牡丹亭 [M]. 汪榕培, 译. 上海：上海外语教育出版社，2000：447.

好，这是非常难得的；但用素体诗翻译中国古典词曲的不利之处也很多，所以只能偶尔一用。❶ 白之还分析过柯润璞（J. Crump）、理查德·杨（Richard F. S. Yang）、刘若愚（James Liu）等人翻译的元杂剧，关注点同样在译文所用的节奏以及英文诗行中的重音节数与原文中的是否相似。白之自己在翻译中国古典戏剧时也在节奏韵律方面做过很多尝试。在翻译牡丹亭的曲子【步步娇】（袅晴丝吹来闲庭院）时，他听了张充和女士的昆曲演唱录音，曾尝试过四种不同的译法。❷ 经过比较，他发现用素体诗的译法和追求与原文节奏、重音一致的译法都有很大的缺陷，译文呆板沉闷，无法再现原文词曲的华彩；当他舍弃对节奏、音律的追求，甚至抛开原文的格式时，译出的效果却非常好。由此可见，白之在进行了大量实践实验后得出了一个结论：翻译古典戏剧唱词时，最重要的是传达原文的意思，而不应该被原文的韵律、节奏和格式所束缚；如果一味追求译文和原文保持音律节奏上的一致，将影响对原文意义和文采的传递。

与白之不同，汪榕培在翻译《牡丹亭》时采用了传统英语诗的某些格律形式来再现《牡丹亭》唱词的音律节奏。以《惊梦》一出中【步步娇】一曲为例，汪榕培的译文采用了传统英语诗的某些格律形式来再现《牡丹亭》中中国戏曲的音律节奏。例如，汪译的【步步娇】译文除第一、第二行（In the courtyard drifts the willow-threads / Torn by spring breeze into flimsy shreds）外，其余行都是抑扬格，节奏感很强："I pause awhile/ To do my hairstyle. / When all at once / The mirror glances at my face, / I tremble and my hair slips out of lace. / (Walks in the room) / As I pace the room, / How can anyone see me in full bloom!" ❸。此外，汪的译文采用了 AA BB CCC DD 的尾韵格式，通过尾韵组合将原唱词中的意群、停顿和对仗再现出来。例如，"袅晴丝吹来闲庭院，摇漾春如线"两句一组，译文 "In the courtyard drifts the willow-threads / Torn

---

❶ 曹广涛. 英语世界的中国传统戏剧研究与翻译 [M]. 广州：广东高等教育出版社，2011：270–280.

❷ 曹广涛. 英语世界的中国传统戏剧研究与翻译 [M]. 广州：广东高等教育出版社，2011：282.

❸ 汤显祖. 牡丹亭 [M]. 汪榕培，译. 上海：上海外语教育出版社，2000：98-99.

by spring breeze into flimsy shreds"是押/eds/的尾韵;"停半晌,整花钿"两句(I pause awhile/ To do my hairstyle)是对仗,汪榕培用了相同的韵脚/aɪl/;"没揣菱花,偷人半面,迤逗的彩云偏"三句为一个意群,汪榕培翻译的三句译文(When all at once / The mirror glances at my face, / I tremble and my hair slips out of lace.)都是押相同的尾韵/s/。

汪榕培对为何用韵文翻译《牡丹亭》的唱词曾做过说明:"因为在此之前翻译诗歌时都用了韵译,而戏曲的唱词原文都是押韵的,所以我在翻译《牡丹亭》的时候,定的目标是把所有唱词都用韵文翻译……唱词富有诗意,但是往往能隐约地反映剧本中的意思,尤其是中间的276句集唐诗,直译的话往往会使读者不知所云,只好在一定程度上进行再创作。"❶汪榕培在这一段话中解释了两个问题:第一,他用韵文翻译《牡丹亭》唱词的主要原因是由于他之前在翻译诗歌时采用的是韵译,有这样的经验;第二,汪榕培指出他在翻译时做了一定程度上的再创作,即意译,原因是他认为直译会使读者不知所云。这是汪榕培最核心的翻译理念"传神达意"的最早表达:用对等的文体翻译原文,为"传神";翻译时以传达基本意义(意译)为主,是为"达意"。此后,汪榕培又多次在自己撰写的论文和采访中提到了"传神达意"的翻译理念,指出译者应该把"原文的感情、语气、意象、修辞、文体等因素考虑在内。举文体为例,在翻译诗歌时,应该尽量以诗译诗,翻译戏剧要注意语言的口语化,翻译散文时要注意体会作者的感情"❷。很显然,以诗译诗,用对等的英文韵文来翻译中文词曲,在汪榕培看来是"传神"的一个重要方面。

除了形式的移植,语言风格的移植也是翻译中的一大难点。要做到原文和译文的风格一致,译者必须对原文有深入的研究和了解,既要熟知原文作者的写作风格,同时又要有丰富的词汇量,明白词汇的语域特点,能从译入语中找到相应或对等的词语进行翻译。这对译者的要求是非常高的。

---

❶ 汪榕培.我和中国典籍英译[M] // 王宏印,朱健平,李伟荣.典籍翻译研究:第六辑.北京:外语教学与研究出版社,2013:7.

❷ 付瑛瑛."传神达意":中国典籍英译标准研究的新思考:汪榕培教授访谈录[M] // 汪榕培,门顺德.典籍英译研究:第四辑.北京:外语教学与研究出版社,2010:5.

事实上由于英语是白之的母语，他对英文词汇的熟悉程度和掌控程度的确要比中国译者更胜一筹。特别是在翻译不涉及中国文化元素的词句时，白之翻译得得心应手，时有神来之笔。例如，《牡丹亭》中的"袅晴丝吹来闲庭院，摇漾春如线"一句，原意是幽静的庭院吹来了游丝，在春天的阳光中随风飘荡，闪闪发光。晴丝指春日晴朗的天空中飘荡的游丝。这种游丝是春天独有的景致，因为大地回春，各种昆虫纷纷苏醒后开始了生长、吐丝、结茧、交配。汤显祖这样写也是颇有深意，因为晴丝与"情思"谐音，它既指晴空中的游丝，也是女主人公心中朦胧、难以捉摸的"情思"，暗指杜丽娘内心的情愫渐渐苏醒。白之将"袅晴丝"译作 a rippling thread of gossamer in the sun（阳光中飘荡起伏的游丝），"摇漾"翻译成 sinuous（摇曳生姿），用词优雅生动，与原文杜丽娘优雅华丽的唱词风格十分吻合。

又如中国古典戏剧中常用的"双关""暗讽""拆字道白"等文字游戏，《牡丹亭》中时有出现，也是体现汤显祖文字功底和文采的地方。白之在处理这些文字游戏时，利用对英语词汇的充分了解，将译文翻译得十分巧妙。例如，《闺塾》一出中，私塾先生陈最良为杜丽娘讲解《诗经》中的《关雎》，丫鬟春香在一旁捣蛋，剧情十分活泼有趣，故而成为《牡丹亭》中著名的一段折子戏。其中一段，老师陈最良解释说雎鸠"性喜幽静，在河之洲"，春香答道："俺衙内关着个斑鸠儿，被小姐放去，一去去在何知州家。"陈最良说的"河之洲"和春香说的"何知州"读音上一模一样，但说的是两回事。译者要翻译出诗句"在河之洲"的意思，又要让读者体会到两者读音上的巧合和趣味，实在是困难。但如果不翻译出来，或完全照字面直译，读者就很难理解这一段的喜剧效果出在哪里，少了很多阅读的趣味。白之在翻译时将"在河之洲"翻译成 on an island in the river，将"一去去在何知州家"一句翻译成"if I try to catch it again, I land in the river"。陈最良台词中的 island 和春香台词中的 I land 读音一致，虽然没有完全按原文翻译"何知州"，但传递了原文的文字游戏谐音之妙趣，读者一读就明白春香在故意捣蛋，戏剧的喜剧效果在译文中很好地体现出来。此类谐音双关在《牡丹亭》中有很多，白之都翻译得非常巧妙，利用英文中读音相似的词汇达到了谐音的喜剧效果。例如，《旁疑》中的"（道）姑"和"待姑（沽）"翻译成 nun

和 none；《淮警》中的"贱房"和"箭坊"翻译成 lecher 和 fletcher，等等。

此外，白之在翻译《牡丹亭》时也极为注重用词的雅俗区分。例如，《劝农》讲杜宝下乡宣传朝廷的教化，教育乡民好好种地劳作，不要耽误农时。杜宝出场便唱了一段【排歌】："红杏深花，菖蒲浅芽。春畴渐暖年华。竹篱茅舍酒旗儿叉。雨过炊烟一缕斜。"❶这一段以四字以上的句子为主，对仗工整，显得庄重文雅，符合杜宝官员的身份；但用的词却是尽量贴近乡民生活的词，没有用典故，不然乡民听不懂。杜宝唱完，村民父老接着合唱："提壶叫，布谷喳。行看几日免排衙。休头踏，省喧哗，怕惊他林外野人家。"❷这一段唱词的字数是337337的搭配，对仗工整，两个三字短句配一个七字长句，十分活泼，节奏感强；用的也是非常简单、贴近生活的词，如"叫""喳""行看""怕惊"等。

白之翻译的杜宝唱词和原文无论是句式还是用词都十分相似。在句式上，白之翻译的句子和原文句子的结构基本一致，每一行的节奏也和原文相仿，如"Pink of almond fully open, / Iris blades unsheathed, / Fields of spring warming to season's life. / Over thatched hut by bamboo fence juts a tavern flag, / Rain clears, and the smoke spirals from kitchen stoves."❸。

在用词上，白之在前两句用动词 fully open 和 unsheathed 来翻译"深花"和"浅芽"，虽未完全对称，却通过这两个动词呈现出一种鲜花绽放和嫩芽初吐的动态画面感，颇具文采；而后几句中用动词 jut、clear 和 spiral 翻译"（酒旗儿）叉""（雨）过"和"（炊烟一缕）斜"三个动作（Over thatched hut by bamboo fence **jut**s a tavern flag, / Rain **clear**s, and the smoke **spiral**s from kitchen stoves），既传神又朴实。在翻译乡民的唱词时，白之将"叫"和"喳"具体化了，翻译成拟声词（鸟的啼叫）a jug 和 sow seed（Warblers call "**a jug, a jug,**" / woodchuck grate "**sow seed, sow seed**"❹），使整段唱词更加口语化，且 sow seed（布谷）非常符合"劝农"的主旨，可谓神来之笔。后面一段的三字部分，白之将"休头踏，省喧哗"翻译成"advance no vanguard, make no

---

❶❷ 汤显祖. 牡丹亭［M］. 汪榕培，译. 上海：上海外语教育出版社，2000：82.

❸❹ TANG X Z. The peony pavilion［M］. Bloomington：Indiana University Press，1980：32–33.

hubbub"❶，使邻近词的元音形成叠音，诗句节奏活泼，词语朴实，符合乡民的语言习惯。

综上所述，白之翻译的《牡丹亭》没有过多追求与原文保持格式韵律上的一致，而是通过传统英语诗歌中的拟声、头韵、排比等修辞手法展现《牡丹亭》的文字韵律风采。此外，白之在翻译时非常注重用词精准和再现原文的语域特点，并利用英语母语的优势选取适合戏剧情境和角色特点的词汇进行翻译。白之翻译的《牡丹亭》英语地道，唱词部分既很好地传达了原文的意义又顾及诗句的节奏感，因此深受英语国家读者的欢迎，是在英语国家传播得最广泛的《牡丹亭》英译本之一。1998年，由彼得·塞勒斯（Peter Sellars）担任导演，著名昆剧演员华文漪主演，华裔音乐家谭盾参与音乐制作，中美双方合作排演了先锋歌剧《牡丹亭》，其剧本就是以白之的《牡丹亭》英译本为基础改编的。

汪榕培的译本优势在于对汉语，特别是古代汉语和诗词的理解。同时，由于长期从事英语教学和词汇学研究，汪榕培对汉语和英语之间的区别有一定的研究和了解，因此他的译文特别注重句与句之间的联系。在他看来，"句与句之间必须有内在的联系，否则这些词堆砌在一起就毫无意义。汉语的句与句之间可以没有连接词，而英语的句与句之间应该加上适当的连接词，便于读者理解；汉语的句子可以没有主语，而英语的句子必须有主语，否则就是不符合语法规则"❷。例如，上文提到的【步步娇】中"停半晌，整花钿"是两个并列的动作，原文并未有连词提示这两个动作之间的关系，汪榕培根据英语句子的习惯在 I pause awhile 后加上了指示目的的介词 to，使"整花钿"变成"停半晌"的目的。而在"没揣菱花，偷人半面，迤逗的彩云偏"一句的译文中，汪榕培在 the mirror glances at my face 前加上了 when all at once，也使上一句与下一句（I tremble and my hair slips out of lace）之间增添了符合语法的逻辑关系。

---

❶ TANG X Z. The peony pavilion[M]. Bloomington：Indiana University Press，1980：32-33.

❷ 汪榕培.《牡丹亭》的"集唐诗"及其英译[M]// 汤显祖.牡丹亭.汪榕培，译.上海：上海外语教育出版社，2000：834.

汪榕培这种在翻译时加强句与句之间联系的做法在他翻译的集唐诗中有更明显的体现。在《牡丹亭》中，除了极少的几出戏以外，几乎每一出戏的结尾都有一首四句的下场诗，都是集唐人诗句而成，共计五十四首。这种下场诗是中国古典戏剧剧本的一个特点，起到了间隔剧情的作用，同时还会总结每一出戏的主要内容，或暗示后面的剧情。白之在翻译《牡丹亭》的节选时没有翻译集唐诗，后来在全译本中才增添了集唐诗的翻译。在汪榕培看来，白之在翻译这些"诗句"时显然没理解这些下场诗与剧情的关系，因此白之译的诗句与句之间没什么联系，就是句子的堆砌。例如，《牡丹亭》第二出《言怀》的下场诗❶是：

门前梅柳烂春晖，（张窈窕）
梦见君王觉后疑。（王昌龄）
心似百花开未得，（曹　松）
托身须上万年枝。（韩　偓）

这里四句诗都取自唐朝诗人的诗句。第一句来自张窈窕《春思二首》之一，借"梅"和"柳"暗嵌柳梦梅的名字。第二句来自王昌龄的《长信秋词五首》之四，指柳梦梅梦见美人心中疑惑。第三句来自曹松《南海旅次》，第四句来自韩偓的《鹊》，指柳梦梅渴望得到功名。

汪榕培严格按原中文诗歌的形式将英文翻译为四句；并且和原诗一样，译文的第一、第二、第四行也押韵，"When plums and willows grow before the gate / I see the king but doubts arise when dreams abate / My heart contains a hundred blooms in buds, / But as to find a branch, I have to wait."❷。从译文可以明显地看出，汪榕培的译文通过 when 和 but 两个连词将上下句连在一起，使原文中没有太多联系的上下句之间逻辑关系更紧密，使整首原本是取自不同诗人的零散诗句形成了一个整体，有了共同的主题。但也正因为相承

---

❶ 汤显祖. 牡丹亭 [M]. 汪榕培，译. 上海：上海外语教育出版社，2000：11.
❷ 汤显祖. 牡丹亭 [M]. 汪榕培，译. 上海：上海外语教育出版社，2000：9.

上下文的这些连接词的使用，令译文更接近散文的行文，减少了诗歌的韵味。

白之没有按原诗四句的形式来翻译，而是将诗分成了八行。其译文没有押韵，节奏比较自由："Willow and apricot flourish/ their splendor at the gate / in dream I stood before my prince / but doubt assailed my waking. / In my heart a hundred blooms / not yet their time to open/seek first the support/of an enduring branch."❶。白之的译文中句与句之间基本没有什么联系，各句独立成章，甚至连标点符号都欠缺，更像是现代派诗歌；而且从译文来看，也较难看出该诗与剧情的关系。

3.3 文本内在含义的体现

在翻译《牡丹亭》时，白之主要采取了异化的翻译策略，对具有异域中国文化元素的词汇或句子尽量依照原文翻译，同时对与中文典故、中国历史文化有关的词汇加以注释。全书共有注脚三百多处，解释得十分详尽。以《牡丹亭》第一出《标目》为例。这一出原文非常短，加上曲牌名、宾白和结尾的四句诗一共一百九十三个字。白之为这一出做了九个注脚，分别解释了"末""世间只有情难诉""三生路""梦梅柳子""于此赴高唐""施行""状元郎""梨花枪"和出现在这一出戏剧末尾的诗。为了保存中国文化元素，白之一般将中文典故直接照字面翻译，如在第一出里他将"三生路"翻译成 three incarnations。实际上，英文中有前世（previous incarnation）这个概念，这里照字面意思直译读者也能明白个大概，但白之还是在脚注中解释了"三生"的意思以及三生石与唐朝僧人圆泽的典故。白之处理典故的第二种做法是先直译典故，再在典故后加上一个解释性的词组或句子，有时为了解释得更清楚还会再给此典故加上脚注。白之将"于此赴高唐"翻译成 found at this Gaotang his dream of love 就是使用的这种策略。英语国家的读者不了解"高唐"这个典故的含义，在英文中也没有与之对应的词汇。如果完全照字面意思将此句翻译成 go to Gaotang，读者会觉得不知所云，所以白之在翻译完"赴高唐"后又加上了一句解释性的话（found...）his dream of love，

---

❶ TANG X Z. The peony pavilion[M]. Bloomington：Indiana University Press，1980：5.

使整个句子的意思完整。这样即便读者不去翻阅脚注，也能明白句子的意思。当然，为了更好地解释"高唐"这个典故，白之仍然给它加了脚注，讲述了这个典故的来源。除了典故以外，白之为了向英语国家读者介绍一些基本的中国戏曲知识，在英译《牡丹亭》中对一些与中国戏剧有关的专业词汇内容做了注解。例如，《标目》这一出中出现的第一个脚注是为了解释"末"这个角色在中国戏曲中的意义，而《标目》中的最后一个脚注则详细介绍了结尾的四句诗在元杂剧和明传奇中的作用。从这些注释可以看出白之对中国古典戏剧的研究是非常深入的。

但异化翻译策略的缺点也是很明显的。首先，直接按字面意思翻译具有中国文化内涵的词汇再加脚注的译法使读者的阅读体验很差。《牡丹亭》中存在大量典故和成语，读者遇到难以理解的词不得不频繁翻阅脚注，必会影响阅读的兴趣。其次，由于白之的母语是英语，他对汉语有深入的研究但不是完全精通，因此白之全译本《牡丹亭》中存在一些误译。例如，"良辰美景奈何天"一句中的"良辰美景"，白之译作"bright the morn, lovely the scene"。很显然他把"辰"理解为"清晨"，但此处"辰"应该是指时日、时光。而《闺塾》一出中，私塾先生陈最良要丫鬟春香去拿笔墨纸砚，春香故意逗他，拿来了薛涛笺、眉笔、鸳鸯砚等闺阁女子欣赏把玩的文具。其中，有一段对话：

陈最良问："这是什么纸？"
春香说："薛涛笺。"
陈最良说："拿去！拿去！只拿那蔡伦造的来。"

白之将薛涛笺翻译成 notepaper woven by the Tang courtesan Xue Tao（薛涛造的便笺纸），显然是有些误解。首先，薛涛虽然发明了薛涛笺，却并不是制造者。其次，这段对话的重点是将女子闺房珍玩（薛涛笺）与普通文具（蔡伦纸）对比，体现春香的淘气：春香故意捉弄老学究陈最良，把女子的闺阁文具拿来私塾用，因此陈最良说"拿去！拿去！只拿那蔡伦造的来"，强调的是用普通文具。此处重点是女子文具和普通文具的对比，而不是"薛涛"和"蔡伦"。

汪培榕翻译的《牡丹亭》英文全译本中没有任何注释。读者在阅读前会稍感疑虑，因为像《牡丹亭》这样的中国古典戏剧，即使是现当代中国人在阅读时也不得不时时翻阅参考文献和注释才能明白大概的意思。但读者在读完这本英文全译本后会发现的确不用任何注释也能看懂所有的内容，因为汪榕培的译文非常简洁易懂，且用的是韵文，读起来非常顺畅，同时也能体验到戏曲的韵律节奏之美感。这种良好的阅读体验当然得益于译者坚持以意译为主的翻译策略。汪榕培在翻译时注重保留原文的主要信息，而非字面一对一的翻译。针对一些涉及中国历史文化典故的词汇和句子翻译，他的策略是重点翻译出整个句子的基本意思，注重句子或段落的整体意义完整，而非单独的词汇。所以在他的译文中，一些涉及中国历史文化的典故往往消融在整个句子当中，或根据上下文转化成其他英语中类似的词汇。例如，"薛涛笺"和"蔡伦纸"，汪榕培在翻译时直接越过了"薛涛"和"蔡伦"这两个典故信息，译为 lady's writing paper 和 the writing paper for the gentleman。显然译者非常明白此处文章的重点是两样文具形成对比，而不是强调"薛涛"和"蔡伦"。又如《旁疑》一出，小道姑与老道姑见面时说了句《道德经》中的句子："常无欲以观其妙。"老道姑正怀疑小道姑和柳梦梅有私情，便以《道德经》句子作答："常有欲以观其窍"，随后又追问："小姑姑，你昨夜游方，游到柳秀才房儿里去，是窍，是妙？"❶这里老道姑借用道家经文戏谑小道姑，问她是"有欲"还是"无欲"。

汪榕培把"常无欲以观其妙"翻译成 remain dispassionate to watch the soul，把"常有欲以观其窍"翻译成 remain passionate to watch the body hole❷，借用了基督教中"灵"与"肉"的对立对比，虽与原文在字面上不是一一对应，但却翻译出了原文的本质意义。特别是后来石道姑问："是窍，是妙？"汪榕培把这句话翻译成 to watch his soul or his hole，既与前文对应，又翻译出了原文的戏谑意味，可谓十分巧妙。

---

❶ 汤显祖.牡丹亭[M].汪榕培，译.上海：上海外语教育出版社，2000：371.
❷ 汤显祖.牡丹亭[M].汪榕培，译.上海：上海外语教育出版社，2000：365.

汪榕培强调译者在翻译中的再创造，这与他"传神达意"的翻译理论有关。在《〈牡丹亭〉的英译及传播》一文中，汪榕培比较了白之、张光前和自己的《牡丹亭》译文，指出自己的译文不是字对字的翻译，而是创造性地准确再现原著的风采。此外，他认为在翻译过程中应该把散体对话或独白部分尽量翻译成明白易懂的英文，同时在不影响英语国家读者理解的前提下，尽量保持作者原有的意象，否则就宁肯牺牲原有的意象而用英语的相应表达方式来取代。简单地说，以《牡丹亭》为例，就是能传递汤显祖原文中的意象就尽量传递，但如果原文中的意象令英语国家的读者难以理解，则抛弃原文中的意象，选用英语中相应的意象来表达。

但在实际操作中，汪榕培却并非完全用西方的意象来代替中国的意象。这种译者的再创作有时会令译文和原文在内涵和风格上完美契合，但有时也会对原文的内涵和原作者的语言风格造成一定的扭曲。例如，为了追求通俗易懂，汪榕培不得不对《牡丹亭》中涉及中国历史文化典故的词汇进行较大改动。以第一出《标目》中几个涉及典故的句子❶为例：

【汤原文】但是相思莫相负，牡丹亭上三生路
【汪译本】When a beauty falls in love with a man
　　　　　The Peony Pavilion sees her ardent way

【汤原文】于此赴高唐
【汪译本】meet her in the garden once again

【汤原文】报中状元郎
【汪译本】Liu is alloted office
　　　　　and Liu at last fufils his yen

从以上译句可以看出，所有涉及典故的词都被化解到重组的句子中，不

---

❶ 汤显祖．牡丹亭［M］．汪榕培，译．上海：上海外语教育出版社，2000：3．

见了踪影。事实上"牡丹亭上三生路"是《牡丹亭》中非常重要的一个句子，可以说是整部戏剧的题眼。"三生路"源自三生石的传说，是前世宿缘的象征。杜丽娘和柳梦梅梦中结缘在牡丹亭，杜丽娘死后的自画像埋在牡丹亭，柳梦梅拾画在牡丹亭，杜丽娘死而复生也是在牡丹亭旁。三生路既指杜丽娘死而复生的经历，也指杜丽娘和柳梦梅有前世宿缘。汪榕培将"牡丹亭上三生路"翻译成"牡丹亭见证了一位美人儿热恋她的情人"，不但使这一句话无法预示杜丽娘生生死死、执着追求爱情的离奇经历，也使整个戏剧的主题弱化成了"一位美人热恋一个男人"。

汪榕培有时为了押韵和句式对称也对《牡丹亭》中一些普通的词加以改动。例如，在"袅晴丝吹来闲庭院，摇漾春如丝"一句中的"晴丝"原指晴朗的春日空中飘荡的昆虫吐的游丝，逗引出杜丽娘的情思。汪榕培为了令这两句的译文押韵（threads/ shreds），将晴丝翻译成"柳絮"（In the courtyard drifts the willow-threads/ Torn by spring breeze into flimsy shreds）。原文中游丝在空中"摇漾"，显然春风是十分轻柔的，晴朗的春日整个庭院处于一种静谧的状态。也只有在这种状态下，杜丽娘才会发现空中摇漾的晴丝。但汪榕培的译文将"晴丝"变成"柳絮"，又为了前后句有关联在第二句开头加上torn by，以至于这两句话变成了"柳絮被风撕成碎片在空中飞舞"，这显然是不符合原文情境的。如果像译文中那样风强劲得能把柳絮"撕裂"成碎片，那杜丽娘估计也只能待在屋内，不能去庭院中欣赏春景了。

汪榕培在译《牡丹亭》时像这样对涉及中国历史文化典故的词汇进行删改、泛化、模糊化、抽象化的情况非常多。此种译法的好处是可以令读者不受文化背景和知识的限制就能了解原文的基本含义，不用频频翻阅注释，阅读体验比较好，但在翻译的过程中令原文典雅隽永的文辞变成了通俗浅白的大白话，和译者倡导的"传神达意"标准相去甚远，不得不说是一种遗憾。

四、译本对比总结

白之的《牡丹亭》译本主要采用了无韵体的形式翻译戏剧的唱词，并通过考据的方式对字词进行阐释。这样的翻译体现了他严谨的治学态度。白之利用对英语词汇和句式的熟练把控，译文中选词十分精确，句式多变，运用排比、头韵等多种形式诠释原文的韵律,并注意到在译文中用不同的词汇来表达原文中用词的雅俗之分。但由于白之对中文的把握仍有欠缺,文中有一些误译的情况。

汪榕培的《牡丹亭》译本则强调中国戏曲唱词的诗歌形式,运用了押尾韵等方式来再现原文的韵律,并尝试站在西方读者的立场上以他们既知的西方文化来阐释中国典籍中的思想。他的语言通俗易懂,强调诗歌中句与句之间的逻辑联系,以及下场诗与剧情的联系,对原文思想的把握十分精确。但由于译者过于强调译文通俗易懂以及押韵等形式问题,以致很多原文中富有中国文化特色的典故被删改和抽象化,使译文在文采上大打折扣。

综上所述,白之和汪榕培在《牡丹亭》译本中不同的翻译选择分别体现在译本曲牌名和人名翻译、文字风格和内在含义等方面。两位译者在翻译过程中明显受到不同翻译策略和诗学观念的影响。

参考文献

[1] TANG X Z. The peony pavilion[M]. CYRIL B trans. Bloomington:Indiana University Press,1980.

[2] 曹广涛. 英语世界的中国传统戏剧研究与翻译[M]. 广州:广东高等教育出版社,2011.

[3] 付瑛瑛. "传神达意":中国典籍英译标准研究的新思考:汪榕培教授访谈录[M]// 汪榕培,门顺德. 典籍英译研究:第四辑. 北京:外语教学与研究出版社,2010:5.

[4] 黄晶. 西利尔·白之的中国戏曲思想研究述评[J]. 牡丹江大学学报,2013,22(5):6-8.

[5] 潘文国. 英译中诗鉴赏论略[J]. 文艺理论研究,1993(3):67-74.

[6] 沈德符. 万历野获编:中册[M]. 北京:中华书局,1997.

[7] 汤显祖. 牡丹亭[M]. 汪榕培,译. 上海:上海外语教育出版社,2000.

[8] 汤显祖. 牡丹亭[M]. 蔺文锐,评注. 北京:中华书局,2016.

[9] 汤显祖. 汤显祖全集:二[M]. 徐朔方,笺校. 北京:北京古籍出版社,1999.

［10］汪榕培. 传神达意译《诗经》[J]. 外语与外语教学，1994，78（4）：11-15.

［11］西利尔·白之. 白之比较文学论文集[M]. 微周，等译. 长沙：湖南文艺出版社，1987.

［12］叶长海. 牡丹亭：案头与场上[M]. 上海：上海三联书店，2008.

［13］赵征军. 中国戏剧典籍译介研究：以《牡丹亭》的英译与传播为中心[M]. 北京：中国社会科学出版社，2015.

第二章 女性悲剧的换位诉说：
杨宪益与时钟雯《窦娥冤》译本比较

一、《窦娥冤》概述

《窦娥冤》的作者关汉卿（1219—1301），解州人（今山西省运城），其籍贯还有大都（今北京市）及祁州（今河北省安国市）等说。关汉卿是中国文学史和戏剧史上一位伟大的作家，是元代杂剧奠基人，元代戏剧作家，与白朴、马致远、郑光祖一同被称为"元曲四大家"，并居"元曲四大家"之首。他一生创作了许多杂剧和散曲，成就卓越。

关汉卿生活的时代社会动荡不安，政治腐败黑暗，社会矛盾激化，人民生活在水深火热之中。他的剧作从民间传说、历史资料和元代现实生活里汲取了许多素材，真实地表现了元代人民反对封建阶级剥削与民族压迫的斗争精神。关汉卿的杂剧题材和形式广泛多样，情节安排紧凑，人物个性鲜明，既有对黑暗社会的揭露和抨击，又有对劳苦大众反抗压迫斗争的讴歌。他的杂剧在艺术构思、戏剧冲突、人物塑造、语言运用等许多方面，都为后世提供了许多宝贵的艺术经验。

关汉卿的散曲语言通俗生动，曲词泼辣风趣，内容丰富多彩，格调清新刚劲，具有很高的艺术价值。

关汉卿一生创作了六十多部杂剧，代表作《窦娥冤》是中国古典悲剧的典范。王国维曾在他的《宋元戏曲史》中评价《窦娥冤》"列之于世界大悲剧中亦无愧色"❶。《窦娥冤》剧情取材于《列女传》中的《东海孝妇》，全剧四折加一楔子，讲述了穷书生窦天章因欠高利贷不得已将自己七岁的女儿卖

---

❶ 王国维.宋元戏曲史[M].上海：上海古籍出版社，1998：11.

给蔡婆婆作童养媳（窦娥），窦娥长大后成婚不到两年丈夫早逝，与婆婆相依为命。张驴儿父子要蔡婆婆把窦娥嫁给张驴儿，威胁未果，张驴儿把下了毒药的羊肚儿汤端给蔡婆婆，却被自己的父亲误食，而后其父身亡。张驴儿反诬告窦娥毒死了其父，昏官桃杌断案将窦娥处斩。窦娥含冤而死，她临终发下的三个誓愿——"血溅白练、六月飞雪、大旱三年"——应验。窦天章科场中第荣任高官，回到楚州听闻此事，为窦娥平冤昭雪。

《窦娥冤》成功刻画了一个悲剧的女子形象，使窦娥成为当时社会被压迫、被剥削的妇女代表，也使其成为善良、勇敢、具有反抗精神的女性典型。作品体现了现实主义与浪漫主义的融合，充满了大胆的想象和超现实的夸张，折射出作者对黑暗社会的抨击，对社会最底层劳苦大众的同情，对人民反抗精神的讴歌。

二、译者背景

2.1 杨宪益、戴乃迭

杨宪益和戴乃迭是 20 世纪 40—90 年代活跃在中国文坛的翻译界泰斗，更是一对惊才绝艳、绝无仅有的夫妻翻译大家。熟悉他们名字的外国人远多于中国人，因为他们是最早把中国古典文学名著译成英文的作家之一。他们的翻译事业持续了半个多世纪，他们的合作被誉为珠联璧合、不可替代。

杨宪益早年在英国牛津大学墨顿学院研究古希腊罗马文学、中古法国文学及英国文学。1953 年调入北京外文出版社任翻译专家，在此期间，杨宪益与夫人戴乃迭以惊人的速度共同翻译了大量中国作品，致力于向西方社会介绍中国文学作品。为了填补西方世界对中国文学了解的空白，时任《中国文学》主任的杨宪益于 1981 年倡导出版"熊猫丛书"，主要用英、法两种文字出版中国当代、现代和古代的优秀作品，成为中国外文译介领域的金字招牌。

戴乃迭，原名 Gladys B. Tayler，1919 年生于北京，父亲是英国传教士。戴乃迭七岁时返回英国，在教会中学接受教育。1937 年，戴乃迭考入牛津大学，最初学习法语语言文学，后转攻中国语言文学，是牛津大学首位中文学士。戴乃迭女士是香港中国文学出版社英籍老专家，是国际上享有崇高声誉的翻译家和中外文化交流活动家。

杨宪益和戴乃迭的翻译作品涵盖先秦散文,从《诗经》《楚辞》到《水浒》《红楼梦》再到《鲁迅全集》等现当代文学作品计百余种,蜚声海内外。在翻译中,他们致力于把中华民族的文化精髓完整地呈现给西方读者,并以此来影响西方世界的文化样式。杨氏夫妇在译作中体现的"信"和"达"的标准,对于中国文化的对外输出具有积极的指导作用。他们翻译的《窦娥冤》秉承忠实与通顺的翻译风格,通过运用直译与意译相结合,异化与归化相结合,直译为主、意译为辅,异化为主、归化为辅的翻译策略实现其文化传播目的。

2.2 时钟雯

时钟雯是美国华盛顿大学中文教授,她 1972 年的博士论文 *Injustice to Tou O: A Study and Translation* 中包含了《窦娥冤》的全译。论文由三部分组成:《窦娥冤》研究、《窦娥冤》全译文和附录。第一部分对关汉卿及其生活年代、《窦娥冤》故事的渊源、元曲的发展及艺术特色等做了详尽的研究;第二部分作者提供了《窦娥冤》完整的中文原文、英语译文及详尽的注释。时钟雯对原文做了完整的拼音标注,方便读者朗读,有助于读者在视觉和听觉两个层面体会原文的意境。译文基本采用字面直译的方法,不追求押韵效果,但行文流畅平稳,展现出其在中文和比较文学等领域的功底。译文的注解对元朝的文化生活、社会历史以及错综复杂的语言做了清晰明了的论述,受到国外读者的欢迎和好评。

三、译本对比

3.1 所选刊本的差异对比

《窦娥冤》虽然是元代关汉卿的代表作之一,但其并未见于元代的刊本,而是通过明代的戏曲选本得以存世。现存的《窦娥冤》三个刊本分别是 1588 年陈与郊编选的《古名家杂剧》本(简称古本)、1616 年臧懋循编选的《元曲选》本(简称臧本)和 1633 年孟称舜编选的《古今名剧合选·酹江集》本(简称孟本)。杨宪益、戴乃迭翻译的《窦娥冤》是以古本为蓝本,而时钟雯的翻译则是以臧本为蓝本。

在三个版本中，孟本基本采用《元曲选》的本子，两者差异不大。而古本与臧本的不同之处却引人注目。《古名家杂剧》刊行时间较早，文辞质朴，因此有些学者认为古本更接近关汉卿原作风貌。但古本也是经过了明代文人加工改动的，"接近原貌"也只是相对而言。经过臧懋循校订、增减、改动的《元曲选》文辞华美，带有许多明代文人的趣味，有些学者认为臧本情节发展较为合理，艺术性和思想性都有一定的提高。关于古本与臧本的不同，邓绍基在其主编的《元代文学史》一书中写道："《元曲选》本在曲文、宾白和若干情节上都与《古名家杂剧》本有差异，但故事的内容是一致的。"❶

两个版本的主要差异可以概括为以下方面：第一，结构安排不同。古本为四折，无楔子，臧本为楔子加四折；两个版本在内容安排上也略有不同；另外，古本的题目正名为"后嫁婆婆忒偏，守志烈女意自坚。汤风冒雪没头鬼，感天动地窦娥冤"，从中能看出编题者对婆婆的指责，对窦娥的赞美和同情。而臧本的题目正名为"秉鉴持衡廉访法，感天动地窦娥冤"，这强化了清官的作用，更多的是对清官窦天章的颂扬。第二，宾白与曲文不同。臧本中的宾白要比古本的详尽很多。元代杂剧中的曲似乎要比宾白重要，但是随着长期舞台经验的积累，人们逐渐认识到宾白的重要性。臧本详尽的宾白有助于叙述剧情、塑造人物形象，能达到更好的舞台艺术效果；臧本较之古本多出了九支曲子，其中第三折和第四折占七支。增多的曲子不仅补充了古本的情节，而且增强了窦娥控诉的力度，强化了窦娥的冤情及其抗争。第三，情节与思想内容的不同。正如邓绍基所言，两个版本虽然故事内容一致，但情节不尽相同。例如，臧本第一折中，蔡婆婆没有嫁给张驴儿的父亲，而古本中婆婆改嫁了；再如第四折结尾处，古本以窦天章处决张驴儿等人、惩戒罢免官吏、为蔡婆婆养老、为窦娥正名洗冤结束全剧。而臧本中多出的四支曲子补充了情节。通过这四支曲子，窦娥对曾迫害她的张驴儿父子、赛卢医等人进行无情揭露与控诉。两个版本在思想内容方面也体现出一定的差异。例如：两个版本都宣扬"好马不备双鞍，烈女不事二夫"（第四

---

❶ 邓绍基.元代文学史[M].北京：人民文学出版社，1991：80.

折）的封建贞洁观，但在蔡婆婆改嫁问题上的不同处理折射出两个刊本在思想倾向上的细微差异。再如，臧本增加了一些因果报应和教化的内容。

除此之外，两个刊本在文字、语言风格、舞台提示等各个细节方面也有所不同，但这并不影响它们各自的价值，也不能作为衡量优劣的标准。两个刊本在文学艺术方面各有所长，实在无须分出孰优孰劣来。

3.2 书名的翻译

杨氏夫妇崇尚中国文化，他们通过"异化为主，归化为辅"的翻译策略努力把中国博大精深的文化精髓原汁原味地介绍给西方，使西方读者了解作品中所蕴含的文化内涵。这一点在书名的翻译中即有所体现。通常来讲，文学作品的名称一般采用直译，如果无法直译，可采用直译加解释，或者直译与意译结合，最后才会考虑意译。《窦娥冤》是我国古代悲剧的代表作，作品成功塑造了窦娥这一悲剧人物，真实深刻地反映出元朝统治下中国社会的悲剧时代。杨氏夫妇把书名译为 *Snow in Midsummer*，一方面，考虑了全书的整体生态环境，着眼情节高潮。在高潮部分的第三折中，窦娥行刑前指天呼冤，誓言死后会：血溅白练、六月飞雪、大旱三年。*Snow in Midsummer* 与之形成巧妙的呼应。另一方面，在中国文化中"六月飞雪"预示着发生了千古奇冤，这恰好译出了中文书名中的"冤"。杨氏夫妇充分考虑到了其隐含的文化内涵，采取意译的方式帮助英语读者在语境中理解这一具有文化内涵的表达。时钟雯采用直译的方式把书名译为 *Injustice to Tou O*，在表现"冤"的力度上似乎稍显逊色。不过，这倒与她全书基本字面直译的风格相一致。

3.3 翻译风格

严复的翻译标准"信""达""雅"是对译文质量提出的最高要求。杨宪益认为"信"与"达"两者缺一不可，"雅"是"达"的一部分，"达"而能"雅"才是真正的"达"。在杨宪益看来，"信"是翻译的最高标准。他认为："我们必须非常忠实于原文……把原文的意思用另一种语言表达出来……尽可能使译出的意思接近原文。"❶

---

❶ 王佐良. 翻译：思考与试笔[M]. 北京：外语教学与研究出版社，1989：83-84.

第三编 梨园竞秀：古典戏剧英译比较

杨宪益主张，在中国文学作品外译的过程中，要始终"'信'于中国文化的核心、中国文明的精神。这不仅是一个翻译中国文化遗产的问题，还涉及忠实传达中国文化的价值、灵魂，传达中国人的人生，他们的乐与悲，爱与恨，怜与怨，喜与怒"❶。同样，戴乃迭的译作也是高度忠实于原作。她并不单纯追求中英文字上的对应，而是致力于向西方读者传达作品中包含的深刻文化内涵。因此，我们不难看出杨氏夫妇的文化翻译观。在他们眼中，翻译并不是单纯地从一种文字转换成另一种文字，更是将文字背后的文化习俗、思想内涵等传递到其他国家的跨文化活动。

杨氏夫妇的翻译注重归化与异化的结合，即一方面采用流畅的行文风格来为目的语读者减少源语中的异域化色彩，另一方面又在一定程度上通过破除目的语的语言规范来保留源语中的文化特色。❷因此，在尽可能地将中国文化移植到英语中的同时，对于一些典故或在目的语中没有对应表达的文化现象，为避免造成目的语读者的困惑甚至误解，杨氏夫妇采取了省译的策略。相比之下，时钟雯的译文更偏向字面的直译和丰富的注释。

【古本】自家赛卢医，……❸

【杨译本】I am Doctor Lu. …❹

【臧本】自家姓卢，人道我一手好医，都叫作赛卢医。❺

【时译本】My name is Lu. People say that I am good at doctoring, and call me "Sai Lu-yi". ❻

---

❶ 任生名. 杨宪益的文学翻译思想散记[J]. 中国翻译，1993（4）：34.
❷ 李建军. 文化翻译论[M]. 上海：复旦大学出版社，2010：105.
❸ 关汉卿. 关汉卿杂剧选：一[M]. 杨宪益，戴乃迭，译. 北京：外文出版社，2001：8.
❹ 关汉卿. 关汉卿杂剧选：一[M]. 杨宪益，戴乃迭，译. 北京：外文出版社，2001：9.
❺ SHIH C W. Injustice to Tou O (Tou O Yuan) — a study and translation[D]. Cambridge University Press，1972：58.
❻ SHIH C W. Injustice to Tou O (Tou O Yuan) — a study and translation[D]. Cambridge University Press，1972：59.

这句出自第一折中赛卢医的出场（古本与臧本的表述不同）。对于"赛卢医"，译者采取了不同的策略。"卢医"是春秋战国时期名医扁鹊的别称。"赛"在元曲中是"比肩"的意思，这里"赛卢医"是对庸医的讽刺。杨氏夫妇的翻译省略了这一文化内涵，直接翻译成"卢医生"。此处的省译对于全剧及其主题并无太大影响，毕竟赛卢医这一人物在剧中并非主要角色。而时钟雯则采取音译的方式。但是，仅仅根据译文"My name is Lu. ..., and call me 'Sai Lu-yi'."，译文读者容易产生困惑：这个人到底姓卢还是姓赛？也许是出于这一考虑，时钟雯在脚注中对 Sai Lu-yi 做了注释："Sai Lu-yi: Lu-yi refers to the famous doctor Bian Que 扁鹊 of the District Lu in the Warring States period. Sai means 'to rival'; in Yuan plays, the term Sai Lu-yi is often used ironically for incompetent doctors."。注释对于文化缺省带给译文读者的理解空缺起到一定的补偿作用，但是过多的注释势必会影响阅读的效率及流畅性。杨氏夫妇认为译作中的注释越少越好，因为这样能够使读者充分享受和回味作品。

对于《窦娥冤》中的所有曲牌名，杨氏夫妇和时钟雯都采取了省译的策略。曲牌名规定了曲子的句数、字数、格律、音韵等格式，其本身并没有特别含义。如《窦娥冤》中出现的【后庭花】、【滚绣球】、【贺新郎】、【快活三】、【鲍老儿】等诸多曲牌名只是一种音乐谱式，自身并无特别含义。即便是中国读者也未必能完全了解，更别提国外读者了。如果硬译过来，定会使译文读者对文本的理解产生混乱。

杨氏夫妇认为翻译不仅是从一种文字转换成另一种文字，更重要的是文字背后的文化习俗及思想内涵的传递。他们的译作对原著理解深刻，忠实于原著的思想内容，注重传达原著中隐含的文化信息。这一点从他们对典故的翻译中可见一斑。

［古本］【梁州】那一个似卓氏般当垆涤器，那一个似孟光般举案齐眉。近时有等婆娘每，道着难晓，做出难知。旧恩忘却，新爱偏宜。坟头上土脉犹湿，架儿上又换新衣。那里有走边廷哭倒长

城？那里有浣纱处甘投大水？那里有上青山便化顽石？❶

［臧本］【梁州第七】这一个似卓氏般当垆涤器，这一个似孟光般举案齐眉。说的来藏头盖脚多伶俐！道着难晓，做出才知。旧恩忘却，新爱偏宜。坟头上土脉犹湿，架儿上又换新衣。那里有奔丧处哭倒长城？那里有浣纱时甘投大水？那里有上山来便化顽石？❷

这段（古本与臧本略有不同）出自《窦娥冤》第二折，是窦娥对婆婆改嫁作他人妇的谴责。此段典故颇多，均是颂扬女子的忠贞。杨氏夫妇和时钟雯对于典故的翻译不尽相同。"当垆涤器"即"文君当垆，相如涤器"，指汉代才女卓文君与司马相如私奔后生活穷困，无奈之下开了一个小酒铺，卓文君卖酒，司马相如洗刷酒具。杨氏夫妇将第一句译为"Is there one like Lady Zhuo, who stooped to serve in a tavern?"❸，时钟雯将此句译为"This one is like Lady Cho, who worked in a tavern;"❹，双方在译文中都省掉了"相如涤器"这一典故，而对"文君当垆"的翻译，两译本都采取忽略典故内涵的直译策略。尽管时钟雯在注释中对"卓氏"进行了简要说明，但对译文读者理解这一典故并无太大帮助。

"举案齐眉"出自《后汉书·梁鸿传》，是关于东汉贤士梁鸿与妻子孟光的典故。每当孟光托着放有饭菜的盘子送到丈夫面前时，总是把盘子举到跟眉毛齐平，以表示对丈夫的尊敬。杨氏夫妇将"那一个似孟光般举案齐眉"译为"Or like Meng Guang, who showed such respect to her husband?"❺，简单明了，准确传达了这一典故的内涵。时钟雯直译为"This one is like Meng Kuang, who raised her tray as high as her eyebrow."❻，虽然无法传递这一成语

---

❶ 关汉卿. 关汉卿杂剧选：一［M］. 杨宪益，戴乃迭，译. 北京：外文出版社，2001：22-24.

❷ SHIH C W. Injustice to Tou O (Tou O Yuan) — a study and translation [D]. Cambridge University Press，1972：136-138.

❸❺ 关汉卿. 关汉卿杂剧选：一［M］. 杨宪益，戴乃迭，译. 北京：外文出版社，2001：23.

❹❻ SHIH C W. Injustice to Tou O (Tou O Yuan) — a study and translation[D]. Cambridge University Press，1972：137.

的真正含义，但其后的注释则对孟光其人及"举案齐眉"这一成语做了详尽解释。这种异化的处理方式保留了典故中的文化信息，有助于译文读者对中国文化的了解。

对于"坟头上土脉犹湿"，顾学颉给出的注释是："古代传说故事：一个妇女用扇子扇死去不久的丈夫的坟土，庄周问她为什么这么扇？她说：丈夫曾对她说，坟上的土干了，她就可以改嫁别人。因此，她想赶快扇干坟土。这里是指，没等坟土干就想改嫁。"❶ 这一典故的运用形象地刻画出窦娥婆婆急于改嫁的心理。杨氏夫妇将这句译为"And before their husbands' graves are dry, they set aside their mourning for new clothes."❷，译文将这个中国文化典故以意译的方式传递给了西方读者。从语言层面看，"坟头上土脉犹湿，架儿上又换新衣"这句中，前半句是指女子亡夫的坟，后半句是说女子急于改嫁，两句不同的主语体现出汉语的特点——重意合，且主语的句法功能很弱，但这并不影响我们对句子意思的理解。反之，英语是重形合的语言，强调语言的衔接性和逻辑性。杨氏夫妇把中文的两句译为一个主从复合句，主语换成 they（女子们），而且在从句中把"坟头"译为 their husbands' graves，明确了指代关系。译文简洁流畅，而且忠实地传递出原文的内涵。时钟雯则基本按照中文的结构直译为"Upon the grave the earth is still wet; on the rack new clothes are hung."❸，回译成中文与原著更接近，但原著所传达的内涵意思对译文读者来说可能较难体会到。

对于"那里有走边廷哭倒长城？那里有浣纱处甘投大水？那里有上青山便化顽石？"，杨氏夫妇译为：

Where is the woman whose tears for her husband caused the Great Wall to crumble? Where is she who left her washing and drowned herself

---

❶ 顾学颉. 元人杂剧选 [M]. 北京：人民文学出版社，2002：26.

❷ 关汉卿. 关汉卿杂剧选：一 [M]. 杨宪益，戴乃迭，译. 北京：外文出版社，2001：24.

❸ SHIH C W. Injustice to Tou O（Tou O Yuan）— a study and translation [D]. Cambridge University Press，1972：138.

in the stream? Where is she who changed into stone through longing for her husband?❶

时钟雯根据臧本译为：

Where would one find a woman who would weep down the Great Wall at her husband's funeral? Where would one find a girl who, while washing her yarn, would willingly plunge into the Big River? Where would one find a wife turning into stone while waiting for her husband's return?❷

两译本对于"孟姜女哭长城""浣纱女投江"和"望夫石"三个典故及其人物分别在尾注和脚注中做了详尽的阐述。其翻译基本都采用了直译的策略，但杨氏夫妇更倾向传达典故内涵意义。"孟姜女哭长城"的典故，杨氏夫妇译为"... whose tears for her husband caused the Great Wall to crumble"，caused 一词准确地体现出因果关系，即伤心欲绝的眼泪使（部分）长城坍塌；而典故"望夫石"的翻译"...who changed into stone through longing for her husband"中 longing for 译出了涂山氏女对丈夫禹的期盼，through 一词则建立了因果关系，即妻子望穿秋水，也不见禹的归来，最终精诚所至，化作一块望夫石。这两句译文虽然语言简练，但精准地传递出了典故的精髓，相信即便是对典故一无所知的译文读者也能对原作传达的意思领略一二。而时钟雯的译文 who would weep down the Great Wall at her husband's funeral 中 would 一词和 a wife turning into stone while waiting for her husband's return 中 while 一词未能体现出妻子对丈夫如此令人震撼的思念、期盼和忠贞。因此，原作所传递的内涵被打了折扣。"浣纱女投江"是指春秋时伍子胥从楚国逃往吴国，

---

❶ 关汉卿. 关汉卿杂剧选：一[M]. 杨宪益，戴乃迭，译. 北京：外文出版社，2001：25.

❷ SHIH C W. Injustice to Tou O (Tou O Yuan) —a study and translation[D]. Cambridge University Press, 1972：139.

途经江边饥肠辘辘时，一位浣纱女子给他食物吃。临别时，伍子胥叮嘱浣纱女不要告诉赶来的追兵他逃往哪里了。为使伍子胥相信自己不会泄露秘密，浣纱女毅然投江自尽。两译本对这个典故的翻译都未能传达出这种因果关系，所以译语读者看到这里一定会问："为什么她不洗衣服了，要去投江？"而此时，两译本的尾注和脚注能帮助读者消除疑问。另外，时钟雯将"大水"译为 the Big River 有待商榷。

杨氏夫妇在翻译中偏重直译，但如果直译会造成译文读者的理解障碍或误解，他们会对译文做相应的变通处理。"忠实"于原文的意义被杨氏夫妇视为翻译的最高标准。试比较两译本对第三折中窦娥控诉部分的翻译：

[古本] 天也！却不把清浊分辨，可知道错看了盗跖颜渊。……天也！做得个怕硬欺软，不想天地也顺水推船。❶

[臧本] 天地也，只合把清浊分辨，可怎生糊突了盗跖颜渊。……天地也，做得个怕硬欺软，却原来也这般顺水推船。❷

杨氏夫妇将第一句译为"Yet Heaven cannot tell the innocent from the guilty; and confuses the wicked with the good!"❸。"盗跖颜渊"是春秋时期的两个人物。盗跖是大盗，颜渊是孔子最贤能的弟子。后人用这两个人分别指代极恶和极善。译文读者对此恐怕一无所知。如果直译，除非另作说明，否则对于译文读者来说无异于几个毫无意义的乱码。因此，杨氏夫妇将其意译为 the wicked 和 the good，准确地传达出原著的意义。时钟雯则译为 "Heaven and Earth should distinguish the pure from the foul; but how they have mixed up Bandit Chih and Yen Yuan!"❹。仅仅从语言层面看，时钟雯的译文回

---

❶ 关汉卿.关汉卿杂剧选：一[M].杨宪益，戴乃迭，译.北京：外文出版社，2001：38.

❷ SHIH C W. Injustice to Tou O（Tou O Yuan）— a study and translation[D]. Cambridge University Press，1972：190–192.

❸ 关汉卿.关汉卿杂剧选：一[M].杨宪益，戴乃迭，译.北京：外文出版社，2001：39.

❹ SHIH C W. Injustice to Tou O（Tou O Yuan）— a study and translation[D]. Cambridge University Press，1972：191.

译成中文与原著的词句更接近，但如果仔细斟酌便能看出，杨氏夫妇的译文更注重传递原著的内在意义而不是忠实于字词的对等。对于第二句，杨氏夫妇译为"The gods are afraid of the mighty and bully the weak; they let evil take its course."❶，"顺水推船"被意译为 they let evil take its course，充分体现了译者在整体上对译文的把握，简练的文字传达出窦娥的冤屈与控诉：天地也纵容罪恶，冤情真是无处申诉！而时钟雯的译文为"Even Heaven and Earth have come to fear the strong and oppress the weak. They, after all, only push the boats following the current."❷，她将"顺水推船"译成 push the boats following the current，没有考虑到上下文的呼应，与上一句衔接松散，有硬译之嫌，可能会给读者造成理解障碍。

四、译本对比总结

时钟雯的《窦娥冤》译本追求字面层次的对等，基本采用字面直译的方法，但行文流畅平稳。译文对原著所涉及和呈现的社会生活、文化典故及历史人物提供了丰富的注释，有助于译文读者对原著的理解。但这样的翻译忽视了对原著整体性的兼顾，因而在内涵意义的把握和传达方面有所欠缺。

杨宪益、戴乃迭的《窦娥冤》译本忠实原著内容，对其思想内涵理解深刻，强调作品的内在含义和整体性，注重传达隐含的文化信息。译本语言精练、准确、流畅、典雅，充分体现出译者深厚的语言功底和文学修养。在古今中外的译坛上，很难找到像杨宪益、戴乃迭那样既精通目的语又有扎实的源语文化功底的译者，他们在译作中体现的"忠实于原文意义"的标准，对于中国文化的对外输出具有积极的指导意义。

参考文献

[1] SHIH C W. Injustice to Tou O (Tou O Yuan) — a study and translation[D]. Cambridge

---

❶ 关汉卿. 关汉卿杂剧选：一[M]. 杨宪益，戴乃迭，译. 北京：外文出版社，2001：39.

❷ SHIH C W. Injustice to Tou O (Tou O Yuan) — a study and translation[D]. Cambridge University Press, 1972：191-193.

University Press，1972.

［2］邓绍基．元代文学史［M］．北京：人民文学出版社，1991.

［3］邓晓东．世间两种《窦娥冤》：《窦娥冤》版本比较［J］．艺术百家，2015（1）：69–73.

［4］顾学颉．元人杂剧选［M］．北京：人民文学出版社，2002.

［5］关汉卿．关汉卿杂剧选：一［M］．杨宪益，戴乃迭，译．北京：外文出版社，2001.

［6］胡燕娜．论杨宪益、戴乃迭的文化翻译观：以《关汉卿杂剧选》英译本为例［J］．浙江树人大学学报，2011，11（6）：82–85.

［7］李建军．文化翻译论［M］．上海：复旦大学出版社，2010.

［8］任生名．杨宪益的文学翻译思想散记［J］．中国翻译，1993（4）：33–35.

［9］王佐良．翻译：思考与试笔［M］．北京：外语教学与研究出版社，1989.

［10］邢晓燕．《窦娥冤》三个译本的比较分析［J］．兰州石化职业技术学院学报，2015，15（1）：78–83.

［11］阳赟．适应与选择：《窦娥冤》英译文化维适应性探究［J］．辽宁医学院学报（社会科学版），2012，10（4）：128–130.

［12］曾艳红．两种版本《窦娥冤》之对比评析［J］．高等教育与学术研究，2006（2）：82–85.

第三章　晓来谁染霜林醉：奚如谷、伊维德与许渊冲《西厢记》译本比较

一、《西厢记》概述

现今人们所熟知的《西厢记》是元代剧作家王实甫写的一部五本二十折的杂剧，但其故事来源却要追溯到唐朝。

大约在唐德宗贞元年间，著名诗人元稹写了一篇传奇，讲述了贞元年间一个姓张的书生于兵荒马乱之中保护了寡妇郑氏一家，并与郑氏之女崔莺莺发生情爱纠葛的一段风流韵事。该故事的结局并不完美，张生始乱终弃，另娶他人，还给自己找了个"大凡天之所命尤物也，不妖其身，必妖于人……予之德不足以胜妖孽，是用忍情"的理由，为世人所诟病。元稹的这篇传奇结尾处有《会真诗》一首，所以这篇传奇也被称作《会真记》。后来宋人编撰的《太平广记》收录了元稹的这篇传奇，收录时题目被改作《莺莺传》。元稹一生中还写过多首与崔张故事有关的诗词，如《莺莺诗》《古艳诗二首》《赠双文》《梦游春》等。元稹的诗人朋友们显然对崔张的故事也十分熟悉，并为此写了很多诗，如杨巨源的《崔娘诗》、李绅的《莺莺歌》、白居易的《和微之梦游春诗一百韵》、杜牧的《题会真诗三十韵》等。后人因此考据推测元稹即张生的原型。北宋王铚认为"所谓传奇者，盖微之自叙，特假他姓以避就耳"，并指出元稹"其诗多隐双文，意谓二莺字为双文也。并书于后，使览者可考焉。又意《古艳诗》，多微之专因莺莺而作无疑"。[1] 鲁迅在《中国小说史略》中也提出"元稹以张生自寓，述其亲历之境"的观点，更批评

---

[1] 王实甫. 金圣叹批评本《西厢记》[M]. 金圣叹批评，陆林校点. 南京：凤凰出版社，2011：19.

其"篇末文过饰非，遂堕恶趣"。❶

唐朝之后，崔莺莺和张生的传奇故事进一步流传，在文人案头和民间都很受欢迎，并在不同历史时期被改编成了当时最流行的艺术形式，得到了广泛的传播。宋、金、辽时期，就有诗、词、歌舞曲、鼓子词、话本、杂剧、诸宫调等多种艺术形式演绎《莺莺传》的故事。例如，苏轼的赠张子野诗中就有"诗人老去莺莺在"一句，用了《莺莺传》的典故。"苏门四学士"之一的秦观和他的朋友毛滂也曾以崔莺莺为题写过"转踏"《调笑令·莺莺》。宋朝的"转踏"也叫"传踏""缠达"，是一种载歌载舞的艺术形式❷，多在聚会饮宴时表演。宋人饮宴时也常有"歌而不舞"的情况，如王国维在《宋元戏曲史》中提到："宋人集宴，无不歌舞侑觞；然大率歌而不舞，其歌亦以一阕为率。其有连续歌此一曲者，如欧阳公之《采桑子》，凡十一首；赵德麟之《商调·蝶恋花》，凡十首。一述西湖之胜，一咏《会真》之事，皆徒歌而不舞。"❸赵德麟，即北宋皇室后裔赵令畤。王国维说《商调·蝶恋花》讲述的是《会真记》的故事，"徒歌而不舞"，但实际上《商调·蝶恋花》并不止于"歌"，而是边说边唱，韵文和散文交替相间出现。这种说唱文学形式又叫鼓子词。赵令畤在《商调·蝶恋花》的序中还指出《莺莺传》的故事在宋朝十分流行："夫传奇者，唐元微之所述也……至今士大夫，极谈幽玄，访述奇异，无不举此以为美谈，至于倡优女子，皆能调说大略"❹，并阐述了自己创作的原因是这个故事"惜乎不被之以音律，故不能播之声乐，形之管弦"❺。

除以上所述以《莺莺传》为主题的文人吟咏之作外，宋金时期还出现了多种根据《莺莺传》改编的民间说唱文学形式，如宋官本杂剧《莺莺六幺》、南宋说话人用作临场敷演蓝本的《张公子遇崔莺莺》以及金朝董解

---

❶ 鲁迅.鲁迅全集：第九卷[M].北京：人民文学出版社，1993：82.

❷ 王国维在《宋元戏曲史》中记载："北宋之转踏，恒以一曲连续歌之。每首咏一事，共若干首，则咏若干事。然亦有合若干首而咏一事者……其曲调唯有《调笑》一调用之最多。"王国维.宋元戏曲史[M].北京：东方出版社，2012：32-33.

❸ 王国维.宋元戏曲史[M].北京：东方出版社，2012：32.

❹❺ 黄季鸿.《西厢记》研究史：元明卷[M].北京：中华书局，2013：12.

元的《西厢记诸宫调》等。其中，对后世戏剧，特别是对王实甫的《西厢记》影响最大的是金代董解元撰写的《西厢记诸宫调》。诸宫调是流行于宋、金、元时期的一种说唱艺术形式，最早出现在北宋年间，表演时唱词和说白轮递出现，边说边唱。因为其唱词部分不止用一种宫调，而是用说白将多种宫调串联在一起，所以又叫"诸宫调"。这种说白和演唱相间的形式很适合讲述长篇故事。北宋以后，诸宫调继续流传于南宋和金人占据的中原地区，并出现了南北之分：南方演绎诸宫调多用笛子伴奏；而在北方由于北方少数民族音乐元素的加入，诸宫调用琵琶和筝伴奏，所以北方的诸宫调又称"弹词"或"弦索"。董解元的《西厢记诸宫调》因此被称为《西厢记弹词》《弦索西厢》，或称"董西厢"。董解元将《莺莺传》的故事内容做了很大的增改，其中最明显的是增加了和尚法聪这个角色和婢女红娘的戏份，并且把故事结局改为张生和莺莺不顾老夫人之命，双双出走投奔白马将军，由其做主完婚。结局的修改显然是顺应了时代的潮流和观众的需求。"董西厢"的故事曲折生动，结构严谨，布局宏伟，辞藻清丽，在艺术上取得了很高的成就。明初吴中四杰之一的张羽认为董解元的《西厢记》："辞最古雅，为后世北曲之祖。迨元关汉卿、王实甫诸名家者，莫不宗焉。"❶

元朝时由于南北文化的融合，产生了新的艺术形式——杂剧。杂剧作家王实甫在弹词《西厢记诸宫调》的基础上将崔张的爱情故事改编成供舞台演出的杂剧剧本《崔莺莺待月西厢记》。王实甫打破了元杂剧传统的四折一楔子、一人主唱的结构模式，将《西厢记》改编成共五本二十折的连本戏，这使得《西厢记》成了元杂剧中少有的篇幅宏大的巨作。此外，王实甫对故事内容也做了一些增删，使剧情更加曲折动人，并将结尾改成莺莺的母亲妥协，答应了张生和崔莺莺的婚事，张生考取功名的大团圆结局。王实甫的《西厢记》又被称为"北西厢"或"王西厢"。"王西厢"的词曲优美，情节戏剧性强，角色各具特色、性格突出，一经问世便取得了巨大的反响，成为其他同时代杂剧模仿的对象："核以今存160多种元杂剧，竟有40多种剧

---

❶ 董解元.西厢记诸宫调注译[M].朱平楚,注译.兰州：甘肃人民出版社,1982：353.

本与《西厢记》有语句共用现象或直接提到了《西厢记》。"❶ 明朝贾仲明评价王实甫时说："新杂剧、旧传奇，《西厢记》天下夺魁。"❷ 在随后的明清两代，《西厢记》被改编成诸多不同的版本和各种地方戏剧剧本，如明代有陆采的传奇改本《南西厢记》、李日华的《南调西厢记》和清代查继祖的杂剧《续西厢》，以及沈谦的传奇《翻西厢》等，但没有一个版本能比得上王实甫的《西厢记》对后世的影响那么深远。时至今日，人们一谈到《西厢记》，首先想到的就是王实甫的《西厢记》。

  遗憾的是，王实甫所写的《西厢记》元杂剧并没有留下元代的文本。现存《西厢记》最早的刊本是1978年在北京中国书店的一部元朝古籍内发现的几张《西厢记》残页，此残页全名《新编校正西厢记》。❸ 据蒋星煜先生的考证，这部书"应该是成化年间刻本，并不排除永顺书堂所刻的可能性。当然也可能早于成化，早至元末或明初"❹。残页本是分卷而不分折的，而且未标卷名。这是现今能见到的最早的《西厢记》刊本。而现存最早的全本《西厢记》是明朝弘治十一年（1498）金台岳家刊刻的《新刊大字魁本全相参增奇妙注释西厢记》（又叫《新刊奇妙全相注释西厢记》），由北京大学图书馆馆藏。这部《西厢记》分上下两册，共五卷二十一折，每卷各有标题，但没有标目。自弘治刻本之后，明朝一代《西厢记》的刊刻十分频繁，从侧面反映了王实甫《西厢记》的受欢迎程度。据《〈西厢记〉研究史》记载，现知一共有六十多种不同的明代刊本《西厢记》，这"无论是在刻书史上还是在戏曲史上，都称得上明清两代之最"❺。时至今日，现存的明刊《西厢记》还有四十余种不同的刊本，其中以王骥德校本和凌濛初校本影响较大。明代自万历年间开始出现了诸多名家对《西厢记》进行校注、点评的潮流，参与点评的有李贽、徐渭、陈继儒、沈璟、汤显祖、王世贞、凌濛初等，这使《西

---

 ❶ 黄季鸿.《西厢记》研究史：元明卷[M]. 北京：中华书局，2013：22.
 ❷ 钟嗣成. 录鬼簿[M]// 中国戏曲研究院. 中国古典戏曲论著集成：二. 北京：中国戏剧出版社，1959：173.
 ❸ 陈旭耀. 现存明刊《西厢记》综录[M]. 上海：上海古籍出版社，2007：7.
 ❹ 陈旭耀. 现存明刊《西厢记》综录[M]. 上海：上海古籍出版社，2007：9.
 ❺ 黄季鸿.《西厢记》研究史：元明卷[M]. 北京：中华书局，2013：前言.

厢记》得到更加广泛的传播。

  《西厢记》的清代刊本中影响最大、最盛行的是金圣叹点评的《贯华堂第六才子书西厢记》，简称"金批西厢"。金圣叹的点评犀利、深刻，有自己独特的见解，一经问世几乎前朝所有的刊本都被它的光芒给掩盖了，以至于"金批西厢"成了清代一枝独秀的刊本，在清代一再被重刻，"翻刻本有七十种以上"❶。虽然金圣叹号称自己依据的《西厢记》底本是真本，但实际上他对《西厢记》的文字和分节做了多处删改。例如，他认为《西厢记》的第五本无论情节、思想内涵还是词曲都远逊于前面四本，因此他坚信王实甫只写了《西厢记》的前四本十六折，并认定第五本是伪作，属狗尾续貂。虽然他的刊本还是把第五本的四折保留了，但在第五卷的点评中，金圣叹毫不留情地对剧情安排和台词进行了批评，不时有"如许丑语，使人耐焉""此犹摇曳作态出之，真乃丑极""丑笔也"等评语。此外，金圣叹还对《西厢记》的很多词句做了删改。清代戏剧理论家梁廷枏就认为："金圣叹强作解事，取《西厢记》而割裂之，《西厢》至此为一大厄；又以意为更改，尤属卤莽。"❷

  18世纪，随着元杂剧《赵氏孤儿》的各种改编本在欧洲风靡一时，法、德、英等国的汉学家开始关注、研究并翻译了多种中国传统戏剧，其中欧洲出现最早的《西厢记》译本是1872年由法国汉学家儒莲（Stanislas Julien）根据清代最流行的金圣叹点评版《西厢记》翻译的法文译本❸，该本只翻译了前四本十六折的内容。《西厢记》的英译本则比法译本晚了六十多年。1935年，在英国留学的熊式一翻译了金圣叹批本《西厢记》全五本二十折，并交付伦敦麦勋书局出版。学术界一般认为熊式一所译的《西厢记》是最早的

---

❶ 伏涤修.《西厢记》接受史研究 [M]. 合肥：黄山书社，2008：20.

❷ 梁廷枏. 曲话 [M] // 中国戏曲研究院. 中国古典戏曲论著集成：八. 北京：中国戏剧出版社，1960：288.

❸《西厢记》最早的欧洲译本是著名汉学家儒莲翻译的法文版，译文于1872年首次刊登在 Atsume Gusa 期刊上，后于1880年以书籍形式出版：《西厢记：西厢记的历史，十六幕戏剧》(*Si-siang-ki*：*ou*，*L'histoire du pavillon d'occident*, *comedie en size actes*)。

《西厢记》英文译本❶，并给予了高度的评价。

　　1935年熊式一翻译的英文版《西厢记》出版至今已有八十多年。在这八十多年里，中外不少学者和翻译家多次将《西厢记》翻译成各种版本的英文译本：有些翻译了全五本二十折《西厢记》，有些只选译了一部分，还有些只是介绍故事情节的简化本。总的来说，除去一些英译简化本（如洪曾玲1958年翻译的《西厢记》英文版连环画），迄今为止以王实甫的元杂剧《崔莺莺待月西厢记》为底本的英文译本主要有七个，它们分别是：

　　1）1935年由伦敦麦勋书局出版的熊式一翻译的 *The Romance of Western Chamber*；

　　2）1936年由斯坦福大学出版社出版的亨利·哈特（Henry H. Hart）翻译的 *The West Chamber — A Medieval Drama*；

　　3）1972年由企鹅出版社出版的《四部古典亚洲戏剧的现代翻译》（*Four Classical Asian Plays in Modern Translation*）中，亨利·威尔斯（Henry W. Wells）改编了亨利·哈特1936年的译本，把唱曲由散文改成韵文，把书名改成了 *The West Chamber*；

　　4）1973年由香港海纳曼教育出版社出版的由赖恬昌（T. C. Lai）与嘉玛雷吉安（Ed Gamarekian）合译的 *The Romance of the Western Chamber*；

　　5）1984年由英国爱丁堡苏格兰出版公司（Cale-donian Publishing

---

❶ 王丽娜在《元曲在国外》一文中提到西方最早译介《西厢记》的学者是美国汉学家甘琳（乔治·坎德林），其译介文字收入《中国小说》一书，1898年于芝加哥出版。但实际上坎德林在《中国小说》一书中只简单介绍了一下《西厢记》，并翻译了《西厢记》中一段共二十四个字的唱词，称不上是译本。蒋星煜在《论弘治岳刻版〈西厢记〉英译》一文中也提到过在熊式一翻译《西厢记》之前，1898年在伦敦出版过一个英文的中国古典戏剧选本，其中选译了《西厢记》中的一折。但蒋星煜在文章中没有提到该戏剧选本的名称和作者，只说作者把《西厢记》书名翻译成 *The Romance of the Western Chamber*。王丽娜所说的美国汉学家的译介和蒋星煜所说的英国伦敦出版的中国古典戏剧选本中的《西厢记》选译片段是两回事。在 *Chinese Fiction* 这本书中，乔治·坎德林（George T. Candlin）把《西厢记》书名翻译成了 *Western Room*。

Company）出版的杜为廉（William Dolby）翻译的 *West Wing: China's Most Famous Drama by Wang Shih-fu*；

6）1991 年由加州大学出版社出版的奚如谷（Stephen H. West）和伊维德（Wilt L. Idema）合译的 *The Story of the Western Wing*❶；

7）1992 年由外文出版社出版的许渊冲翻译的 *Romance of the Western Bower*❷。

在这七个英文译本中，除了 1991 年加州大学出版的《西厢记》英译本使用现存最早的全本《新刊奇妙全相注释西厢记》作为底本以外，其他六个英译本都是用金圣叹批本《西厢记》作为翻译底本，或在金圣叹的版本上结合其他版本翻译。其中，亨利·哈特根据金圣叹的版本只翻译了前十五折，删除了第四本最后一折《惊梦》的内容；而在亨利·哈特英译本基础上进行改编的亨利·威尔斯的英译本也只包含了前十五折的内容。除此之外，熊式一、杜为廉和许渊冲都翻译了《西厢记》全五本二十折的内容。

正像伊维德所说："一般来说，原作只书写一次，就垂之永远。而译作通常只为一代人服务，然后，新的一代觉得需要新的译本，因为语言改变了。"❸ 在此，笔者选取了同为 20 世纪 90 年代出版的两种全译本英文《西厢记》进行对比研究（一方译者为美国汉学家奚如谷和荷兰汉学家伊维德，一方译者为中国翻译家许渊冲），以期研究在同一时期语言没有变化的前提下，以英语为母语、西方文化作为背景的译者与以中文为母语、中国文化为背景的译者在文本选择、翻译策略、文本的文化内涵传递上有何异同。

---

❶ 加州大学出版社（University of California Press）1991 年出版奚如谷和伊维德的《西厢记》英译本时的书名为 *The Moon and the Zither: the Story of the Western Wing*，1995 年再版时改成了 *Story of the Western Wing*。

❷ 许渊冲在 1992 年出版的译本中只翻译了《西厢记》前四本十六折的内容。直到 1997 年，他才把五本二十折完全英译出来，并由湖南人民出版社出版发行。

❸ 伊维德，马小鹤. 伊维德教授访问记［M］// 朱政惠. 海外中国学评论：第 2 辑. 上海：上海古籍出版社，2007：118.

二、译者背景

2.1 奚如谷、伊维德

奚如谷（Stephen H. West，1944—），美国汉学家、翻译家。奚如谷于1972年从美国密歇根大学博士毕业后留校任教，1986年被聘为加州大学伯克利分校东亚语言系教授，目前在亚利桑那州立大学担任全球研究学院语言文学系教授以及亚洲研究中心主任。奚如谷早年师从美国密歇根大学的柯润璞（James I. Crump）教授，主要研究领域为宋、金、元时期的中国文学与文化史，涉及宋词、元曲、散文、戏剧等多个领域，在中国中古史、中西比较文学以及元明戏剧方面造诣尤深，著有《杂耍与叙事：金代戏剧面面观》（*Vaudeville and Narrative: Aspects of Chin Theater*）、《臧懋循改写〈窦娥冤〉考》（*Zang Maoxun's Emendations to the Drama Dou E Yuans*）、《女真时代的中国——金代思想文化史论集》（*China under Jurchen Rule: Essays on Chin Intellectual and Cultural History*）等论文与专著。

伊维德（Wilt L. Idema，1944—），荷兰汉学家。伊维德1968年毕业于荷兰莱顿大学汉语言文化系，其后在日本的札幌、东京和中国香港等地继续从事研究工作，之后返回莱顿大学攻读博士学位。1974年，伊维德获莱顿大学博士学位并留校任教，1976年升任中国语言与文学教授，并开始担任中国语言文学系主任。1992年，获荷兰国家翻译奖。其后，伊维德曾先后在夏威夷大学莫纳分校、加州大学伯克利分校和哈佛大学任教。伊维德早期的主要研究领域为中国早期白话小说，后转而研究与白话小说起源有关的中国早期杂剧、说唱文学、民谣、传说等，著有《中国白话小说：形成时期》（*Chinese Vernacular Fiction: The Formative Period*）、《朱有燉杂剧研究（1369—1439）》[*The Dramatic Oeuvre of Chu You-tun*（1369—1439）]等专著，并翻译了《西厢记》（*The Moon and the Zither: the Story of the West Wing*）、《杨家将》（*The Generals of the Yang Family: Four Early Plays*）、《白蛇传》（*The White Snake and Her Son*）、《梁山伯与祝英台》（*The Butterfly Lovers: The Legend of Liang Shanbo and Zhu Yingtai*）等多种中国古典戏剧和传说。

因二人的研究领域都涉及中国宋、金、元时期的杂剧和说唱文学，奚如谷与伊维德合著和共同翻译了不少与中国早期戏剧有关的作品，包括《西厢记》英译本、《1100—1450 年间的中国戏剧：资料手册》（*Chinese Theater 1100—1450：A Source Book*）、《僧、匪、情侣与神仙：十一种中国早期戏剧》（*Monks, Bandits, Lovers and Immortals: Eleven Early Chinese Plays*）等。其中，二人合译的《西厢记》受到了中美学界的高度评价。美国汉学家艾朗诺（Ronald Egan）认为：" 译本有全面的概述和详尽的注释，为《西厢记》英译本中的最佳之作。"❶ 中国研究《西厢记》的专家蒋星煜也为此译本写了文章《英译弘治岳刻本〈西厢记〉》，赞扬两位翻译者"汉学造诣甚深，对整部中国历史、中国戏剧史有全面了解，对西方音乐、美术、文学、戏剧亦广泛涉猎，所以此译本在信达雅三方面都超过了以前的《西厢记》翻译者，包括中国翻译《西厢记》的熊式一等在内"❷。这版《西厢记》英译本在美国的销量也非常好，在美国的大学中经常被用作课堂上的教科书。❸

2.2 许渊冲

许渊冲（1921—2021），翻译家。许渊冲于 1938—1943 年就读西南联合大学外文系，1944 年入清华大学研究院，1948 年赴巴黎留学，1983 年任北京大学国际文化教授，2001 年进入北京大学新闻与传播学院。许渊冲在 20 世纪 40 年代开始涉足文学翻译，在国内外出版了中文、英语、法语翻译作品一百二十余部，其译著主要涉及中国古典名著，如《楚辞》《诗经》《唐诗三百首》《西厢记》等，以及西方世界名著，如《红与黑》《包法利夫人》《追忆似水年华》等。2014 年 8 月 2 日，许渊冲在柏林举行的第 20 届世界翻译大会上，获国际翻译界最高奖项之一的"北极光"杰出文学翻译奖，成

---

❶ 艾朗诺. 北美宋金元文学研究 [M] // 张海惠. 北美中国学：研究概述与文献资源. 北京：中华书局，2010：633.

❷ 蒋星煜. 论弘治岳刻本《西厢记》的英译本 [M] // 王安忆，任仲伦. 上海作家作品双年选（2001—2002）：古典文学卷. 上海：上海文艺出版社，2003：328.

❸ 伊维德在 2005 年的访谈中提到："我们翻译的《西厢记》仍然在流通。我们的同事经常订购这本书作为课堂上使用的教科书。"伊维德，马小鹤. 伊维德教授访谈记 [M] // 朱政惠. 海外中国学评论：第 2 辑. 上海：上海古籍出版社，2007：117.

为该奖项1999年设立以来首位获此殊荣的亚洲翻译家。除了在翻译实践领域有所建树以外，许渊冲在翻译理论研究方面也作出了杰出的贡献，提出了文学（尤其是诗词）翻译的"三美论"（意美、音美、形美）、"三之论"（知之、好之、乐之）以及"三化论"（浅化、等化、深化）。许渊冲翻译的《西厢记》（*The Romance of Western Bower*）自翻译完成并出版之后，在国内外也引起了很多学者的关注，得到了很多称赞，被认为是翻译"三美"的典范。

三、译本对比

3.1 书名翻译和文本的选择

1991年，奚如谷和伊维德合作完成了《西厢记》的英译本 *The Moon and the Zither: the Story of the Western Wing*，由加州大学出版社出版发行，其底本是现存最早的全本王实甫《西厢记》——明孝宗弘治年间金台岳家刊刻的《新刊奇妙全相注释西厢记》。此后，加州大学出版社于1995年再版了奚如谷和伊维德二人翻译的《西厢记》，并从原1991年版书名的英文译名中删掉了 *The Moon and the Zither*，改成了 *The Story of the Western Wing*。

在奚如谷和伊维德之前的译者大多把"西厢"翻译成 western chamber 或 west chamber。在这一点上，蒋星煜先生对奚如谷和伊维德的翻译给予高度评价，认为两位译者"煞费苦心""对中国历史、中国文化有深入的探讨，才有可能采用此一译名"。[1] 究其原因，是因为中文中"厢"的意思是"正房两边的房子"，不是单独的一间，而是"成套居室的组成部分"；换句话说，中文中的"西厢"并不是指西侧的一间房，而是泛指西侧的所有房间。而英文 chamber 一词的意思是"一间房"，这个词"并没有把房间和周边的房间的关系，或者说整座建筑中所处的方位反映出来"。[2] 因此，蒋星煜认为"厢"字翻译成 wing 比 chamber 要更加准确，因为英文中的 wing 一词指的是

---

[1] 蒋星煜. 论弘治岳刻本《西厢记》的英译本[M]// 王安忆，任仲伦. 上海作家作品双年选（2001—2002）：古典文学卷. 上海：上海文艺出版社，2003：322.

[2] 蒋星煜. 论弘治岳刻本《西厢记》的英译本[M]// 王安忆，任仲伦. 上海作家作品双年选（2001—2002）：古典文学卷. 上海：上海文艺出版社，2003：321.

从主建筑中延伸出来的侧翼部分，与中文中"厢"字的意思相近。

　　蒋星煜先生是研究中国戏剧历史的专家，尤以研究《西厢记》而著名，他对《西厢记》书名的理解是准确而有深度的。"西厢"在《西厢记》中指的是普救寺的西厢，张君瑞为接近崔莺莺特意向普救寺方丈法本租借的房间。剧中各种重要情节，如崔张二人隔墙互相吟诗、崔莺莺听张生弹琴、崔张夜会等都发生在这里。金圣叹评论说："今其书有事，事在西厢，故名之曰《西厢》也。西厢者，普救寺之西偏屋也……西厢之西，又有别院，则老夫人之停丧所也。乃丧停而艳停，艳停而才子停矣。夫才子之停于西厢也，艳停于西厢之西故也。"❶戏剧的第一本第二折中张君瑞向方丈借厢，法本有一句宾白："塔院西厢有一间房，甚是潇洒，正可先生安下。随先生早晚来。"❷由此可见，在《西厢记》中，西厢的确不是指"一间房"，而是比"一间房"更大的一个范围。

　　许渊冲先生的译本把《西厢记》翻译成 *Romance of the Western Bower*。这其中的 bower 一词是比较书面化的用词，通常用在文学作品中，指"树荫、阴凉处"，又指"村舍或乡下避暑的别墅"。这个词还有一个比较老旧的意思，指女人（特别是中世纪城堡中）的闺房或卧室。至于为什么这样处置，许渊冲先生并未说明。但根据许渊冲翻译《西厢记》时处理类似文化不对等词汇时所采取的归化策略，我们可以推断出译者是想找出一个英语国家读者熟悉的，在西方文化中和"厢"意义差不多的英文词汇。但总的来说，把"厢"翻译成 bower，虽然给书名增添了古典文艺的色彩，却容易造成误解。如果光看英文书名，不熟悉情节的读者很容易把"西厢"理解成了崔莺莺的闺房，以为《西厢记》的主要情节是发生在崔莺莺的闺房或与她的闺房有什么关系。

　　关于翻译底本的选择问题，奚如谷和伊维德在1995年版《西厢记》英译本的引论中写了《王实甫的〈西厢记〉在中国文学中的地位》❸一文来进行

---

❶ 傅晓航.《西厢记》集解 [M].兰州：甘肃人民出版社，1989：51-52.

❷ 傅晓航.《西厢记》集解 [M].兰州：甘肃人民出版社，1989：86.

❸ 奚如谷，伊维德.王实甫的《西厢记》在中国文学中的地位 [J].吴思远，译.国际汉学，2015（2）：121-130.

解释。在文章中，奚如谷和伊维德特别提到了金圣叹点评本《西厢记》。在肯定金圣叹的睿智点评的同时，二人指出"他时常改动原文来迎合自己的点评。大多数唱曲因为限于格律的要求，通常无法被改动，所以宾白部分便备受刀削斧凿之痛"❶；此外二人还对金圣叹修改戏剧情节颇有微词，认为"金圣叹主要任务之一便是捍卫莺莺的贞洁，使其免受非难"，所以"他通篇做出许多细微的修改"，"在成书的整个过程中，文本被全面地删节处理"。❷奚如谷和伊维德经过研究，认为过去的《西厢记》英译本都"依据相对较晚的、高度异化并删节严重的版本"，不够完善，因此他们"依据的底本是现存最早、最完整的 1499 年弘治本《西厢记》"，比其他西厢记版本早了近一个世纪，并且从文本细读的角度来说也是"精致、可靠的版本"。❸

事实上，从奚如谷和伊维德二人的学术背景来看就不难理解他们为何抛弃了最流行的"金批西厢"而选择了弘治刻本。奚如谷是密歇根大学专门研究元杂剧和元散曲的汉学家柯润璞教授的弟子，博士论文研究的是金代文学，后发表了多种研究宋、金、元时期中国早期戏剧的专著。他在研究过程中"十分注重版本的比较和原文献的解读"❹。伊维德在莱顿大学学习时主攻方向是中国小说，博士论文研究的是现存最早的中国白话小说。他在京都大学留学的时候曾跟从田中谦二学习元曲，开始对中国古代戏剧感兴趣，之后他的研究范围涉及中国宋元时期的杂剧、话本、说唱文学、诸宫调等，并撰写了很多与之有关的学术论文和书籍。可以说，奚如谷和伊维德二人是典型的研究型学者。二人在翻译《西厢记》之前已经合作编写过一本研究中国宋元时期戏剧的专著。因此，奚如谷和伊维德在 1991 年合作翻译《西厢记》时的主要目的显然是研究中国古代戏剧，而不是像《西厢记》的第一个英译者熊式一那样想向西方观众介绍中国戏剧。相较于故事情节而言，奚如

---

❶❷ 奚如谷，伊维德. 王实甫的《西厢记》在中国文学中的地位 [J]. 吴思远，译. 国际汉学，2015（2）：126.

❸ 奚如谷，伊维德. 王实甫的《西厢记》在中国文学中的地位 [J]. 吴思远，译. 国际汉学，2015（2）：130.

❹ 吴思远. 奚如谷与中国戏剧研究 [M] //《戏曲研究》编辑部. 戏曲研究：第 88 辑. 北京：文化艺术出版社，2013：389.

谷和伊维德二人更注重的是《西厢记》的完整度和可信度。在这一点上，对原文大加删改的金圣叹版《西厢记》很显然不符合这两位学者的要求。此外，伊维德在《元杂剧：版本与翻译》一文中以及后来在上海戏剧学院的演讲中都提到过一个美国大学的特殊背景，那就是美国学生进入大学时会先看看所有的学科，过一年或一年半后再选定要学的主课。学习中国文学的本科学生不会说中文也不会看中文，所以在美国可以用已经翻译过的文本来讲中国文学。"这就对选本，特别是中国文学的英译选本构成了需求"❶，所以20世纪70—80年代在美国出现了很多中国古代小说戏剧的翻译本❷。奚如谷和伊维德的英译《西厢记》也是在这个背景下产生的。译者是研究元杂剧的汉学家，潜在的读者是没有中文背景也没学过中文的美国大学生，奚如谷和伊维德的译本从一开始就不是为了场上演出而翻译的。因此，在翻译时，二人更多的选择了异化的原则，以期保留原文的语言和文化特色；同时为了便于没有学过中文也不懂中国文化的读者（特别是美国的大学生）阅读和学习，二人对原文中具有中国特色的词汇和文化背景做了注释。

在《王实甫的〈西厢记〉在中国文学中的地位》一文中，奚如谷和伊维德谈到了为什么会选择这种翻译策略：

> 我们的目标是毫无保留地为西方读者提供一种尽可能接近原文的文学翻译。我们认为这对于此版戏剧是十分重要的，因为其刻画人物的诸多特点之一便是在不同角色间，甚至是同一角色内语域的转换。❸

而对于"直译"的批评，二人的观点是：

---

❶ 伊维德.元杂剧：版本与翻译[J].凌筱峤，译.文化遗产，2014（4）：49.
❷ 伊维德.元杂剧：版本与翻译[J].凌筱峤，译.文化遗产，2014（4）：49；伊维德.西方大学中的中国传统戏剧研究[J].上海戏剧，2016（7）：29.
❸ 奚如谷，伊维德.王实甫的《西厢记》在中国文学中的地位[J].吴思远，译.国际汉学，2015（2）：130.

有人可能会认为我们过于直译，可是我们一向认为，诉诸英语中的陈词滥调来简化那些对读者积极介入会带来挑战的段落，既无必要，也不可取。我们之所以如此翻译，是坚信西方的读者可以富有想象地与译文进行融通，就像13世纪的中国古人阅读原文时的感受一样。❶

无论从翻译底本的选择还是翻译策略的选择来看，奚如谷和伊维德翻译《西厢记》的初衷是尽量为西方读者提供最原始的、尽可能接近《西厢记》原文的翻译，而不是用于舞台表演。

许渊冲翻译的《西厢记》(*The Romance of Western Bower*)是以金圣叹点评的《贯华堂第六才子书西厢记》为底本，于1992年翻译完成并由外文出版社出版发行，只比奚如谷和伊维德的译本晚一年。但值得注意的是，在1992年出版的译本中，许渊冲只翻译完成了《西厢记》前四本十六折的内容。究其原因，许渊冲后来解释说是因为1992年时他"根据金圣叹的评论"只翻译了前四本十六折，译到《惊梦》为止。❷ 后来1997年湖南人民出版社出版汉英对照中国古典名著丛书《西厢记》时，他才把五本二十折完全英译出来。许渊冲所说的"金圣叹的评论"，很显然是指金圣叹认为《西厢记》第五本系伪作的观点，可见许渊冲对金圣叹的观点是认可的。在《西厢记》英译本的前言里，许渊冲引用了李渔对金圣叹的评论："自有《西厢》以迄于今，四百余载，推《西厢》为填词第一者，不知几千万人，而能历指其所以为第一之故者，独出一金圣叹！"❸ 并在多处引用金圣叹语来介绍和解析《西厢记》的情节，可见他对金圣叹的观点是十分推崇的。

许渊冲之所以推崇金圣叹，或许与他自己的翻译理论和观点有着一定的

---

❶ 奚如谷，伊维德. 王实甫的《西厢记》在中国文学中的地位[J]. 吴思远，译. 国际汉学，2015（2）：130.

❷ 许渊冲. 前言[M]//王实甫. 西厢记：英汉对照. 许渊冲，译. 长沙：湖南人民出版社，2000：26.

❸ 许渊冲. 前言[M]//王实甫. 西厢记：英汉对照. 许渊冲，译. 长沙：湖南人民出版社，2000：18.

关系。许渊冲最核心的翻译观点其实是"再创论"。在20世纪80—90年代，许渊冲连续发表了多篇文章来阐述这个观点：例如《再创论》(1983)、《翻译中的实践论》(1984)、《以创补失》(1984)、《发挥译语优势论》(1987)、《三美·三化·三之》(1988)、《文学翻译：1+1=3》(1990)、《译学要敢为天下先》(1998)、《再创作与翻译风格》(1999)、《文学翻译克隆论》(2001)等。在20世纪80年代初的几篇文章中，许渊冲针对"诗歌不可译"的论调进行批驳，多次强调发挥译语的优势，"运用适合原作风格的文学语言再现原作"❶（《再创论》），来补偿翻译中"丧失掉的东西"，并认为"好的翻译等于创作"❷（《再创论》），"翻译要求'意似'，不求'形似'，最妙的是'神似'"❸（《翻译中的实践论》）。20世纪80年代中期以后，许渊冲连续提出来"超导论"、"三美·三化·三之·三似"论、"竞赛论"和"克隆论"，实际上是"再创论"的深化，强调了译者在翻译过程中的创造性，甚至要做到译文超越原文。许渊冲把这种翻译理论称为"中国学派译论"，并归纳为"美化之艺术，创优似竞赛"❹（《译学要敢为天下先》）。赞成翻译要"从心所欲不逾矩"的许渊冲选择了个人观点十分鲜明的金圣叹点评本《西厢记》作为底本来翻译，或许是巧合，或许正是由于观念上的契合起到的吸引作用。

3.2 语言风格

王实甫的《西厢记》从众多以《莺莺传》为蓝本的剧本中脱颖而出，几百年来被世人所传唱，被奉为元杂剧的压卷之作，主要在于其内容与形式完美结合，集戏剧性、思想性与文辞优美于一体，成为难以逾越的经典。《西厢记》中的唱词意境优美，婉约含蓄，选词造句皆符合曲牌音律调式要求，时有排比、叠词、对仗等手法，读起来朗朗上口，满口余香。但在塑造不同人物时，《西厢记》中的宾白和唱词又依据各人的性格而写，并不一味讲究婉约优美，如红娘的宾白和唱词中多夹杂着"俺""女大不中留""抢白""傻角"等口语、俗语和粗鄙的语言，以突出她没有受过教育的下人身

---

❶❷ 许渊冲. 文学与翻译 [M]. 北京：北京大学出版社，2003：21.

❸ 许渊冲. 文学与翻译 [M]. 北京：北京大学出版社，2003：32.

❹ 许渊冲. 文学与翻译 [M]. 北京：北京大学出版社，2003：242.

份。《西厢记》正是因为有这样既凸显戏剧人物的个性化,又兼顾了音律、节奏、意境的台词,才被后人所称赞。贾仲明说王实甫"作词章,风韵美,士林中等辈伏低",《西厢记》"天下夺魁"。❶ 王国维也称赞"王实甫作《西厢》,以研炼浓丽为能,此是词中异军,非曲家出色当行之作"。❷

翻译本非易事,要翻译诗歌和戏曲更是难上加难,因为这在传递原文的内容和形式之外又加上了再现原文音韵的要求。就是否需要在译文中再现原文的音韵特点这个问题,历来都有不同的意见。例如,吕叔湘认为:"初期诗人好以诗体翻译,即令达意,风格已殊,稍一不慎,流弊丛生。故后期诗人 Waley,小畑,Bynner 诸氏率以散为之,原诗情趣,转能保存。"❸ 而许渊冲则强烈反对用散文体翻译诗歌,认为不用韵的直译会"令诗的面目全非"❹,因此译者应该发挥译文语言和文化的优势,尽量再现原诗的"意美、音美、形美",使读者"知之、好之、乐之"。许渊冲的观点获得很多现代中国学者的支持,如魏城璧和李忠庆认为"诗词的语言精练华丽,句式多变,具有音乐性及节奏性,与外语系统差异甚大,最难处理。完全异化的翻译只怕徒增阅读难度,或可考虑以涵化翻译处理内容,以异化翻译保留形式上的特点。因为形式上的异化不会影响读者对内容的理解,而又可以保留诗词曲在句式、音律上的精华"❺。这里所说的"涵化",指的是巴斯奈特(Bassnett)在 20 世纪 90 年代提出的概念,意思与韦努蒂(Venuti)的归化、詹姆斯·霍姆斯(James Holmes)的自然化相似,旨在淡化原文与译文的差异,去除原文的独有文化点,以目标语的文化来审视全剧,把外来文化的特点转化为本土文化,便利读者理解译文。❻ 潘文国也指出英汉两种语言的诗歌形式各具特色,互相照搬是不可能的,但"利用或创造一定的形式来进行移植则不仅可能而且可以说是应该的"。❼ 潘文国还指出早期西方译者翻译诗

---

❶ 黄季鸿.《西厢记》研究史:元明卷 [M].北京:中华书局,2013:22.
❷ 王国维.宋元戏曲史 [M].北京:东方出版社,2012:160.
❸ 吕叔湘.中诗英译比录:序 [M].上海:上海外语教育出版社,1980:9.
❹ 许渊冲.文学与翻译 [M].北京:北京大学出版社,2003:37.
❺ 魏城璧,李忠庆.中国戏曲翻译初探 [M].南京:南京大学出版社,2012:90.
❻ 魏城璧,李忠庆.中国戏曲翻译初探 [M].南京:南京大学出版社,2012:74.
❼ 潘文国.英译中诗鉴赏论略 [J].文艺理论研究,1993(3):73.

歌时倾向于用诗体，近期的西方译者包括海外华裔在翻译诗歌时则倾向于用散体；中国国内的情况正好相反，20世纪50—60年代的出版物上英译中一般用散体，80年代后却越来越倾向于用诗体。❶

由于翻译的目的不同，使用的翻译策略也不同，奚如谷和伊维德的英译本《西厢记》和许渊冲的译本在语言风格上存在很大的差异。奚如谷和伊维德二人是研究中国宋、金、元时期文学的汉学专家，长期的学术研究和论文撰写经验让二人的《西厢记》译本刻上了深深的学院派风格：追求最贴近原著的刊本，最忠实再现原著意义的译文；遣词造句严谨、直白、精准、严密。为了避免受到韵脚和节奏的束缚，更忠实地传达原文的意思，奚如谷和伊维德主要采取了异化的翻译策略，将《西厢记》的宾白和唱词都翻译成散文的形式；但在原文出现对仗、排比、叠字等修辞时，译者仍尽力再现原文的句式特色。此外，奚如谷和伊维德在翻译时还注意到《西厢记》中不同人物用词的俗雅不同，在译文中也尽力再现了这种差别。这体现了译者对原著的尊重，也展现了译者对《西厢记》的研究功底和理解程度。许渊冲的主要学术领域在翻译实践和翻译理论。在翻译《西厢记》（1992）之前，许渊冲已经翻译和出版了《诗经》《唐诗三百首》《李白诗选》《唐宋词一百首》等大量中国古代诗歌选集的英译本，这对向世界推广中国文化起到了非常重要的作用，许渊冲也从中获得了丰富的翻译中国古代诗歌的实践经验。因此，许渊冲翻译《西厢记》时也依照以前的经验，把宾白部分翻译成散体，唱词部分翻译成了韵文，力图再现原文的音美、意美和形美。此外，由于许渊冲认为译者应该具有创造性，在翻译时不应拘泥于原文的词句，可选取目标语中意思相近的词来翻译，甚至可以"超越原文""与原文竞争"，他在翻译时基本采取了归化的原则，将具有中国特色的词句和中国的历史典故都翻译成西方读者所熟悉的词汇和典故。这使得许渊冲的译文简洁、通俗、易懂，句子具有韵律感，读起来十分通顺，读者阅读体验良好。但许渊冲的译本中也存在用词过于书面化，以及由于照顾韵脚而忽略了其他修辞形式的问题。

以第一本第三折为例，崔莺莺每夜在花园烧香拜月，张君瑞准备在墙外

---

❶ 潘文国. 英译中诗鉴赏论略 [J]. 文艺理论研究，1993（3）：73.

偷听。等待莺莺时，张君瑞的一段唱词表现了自己忐忑又心急的心理：

侧着耳朵儿听，蹑着脚步儿行：悄悄冥冥，潜潜等等。【紫花儿序】生唱：等待那齐齐整整，袅袅婷婷，姐姐莺莺……❶

奚如谷和伊维德的译文没有刻意押尾韵，也没有追求英语传统诗歌中的音步和格律，但在追求意义忠实于原文的同时尽量翻译出了原文中的一些特殊句式和音律特点。例如，译者利用英文古诗中常用的头韵和重复来再现原文中的叠词"悄悄冥冥，潜潜等等"："Silent, so silent/ In darkness so dark/ Hiding, hiding, /I wait and wait and wait"❷。或利用单音节词"chic/neat/lithe/svelte"来展现"齐齐整整，袅袅婷婷"的节奏感："I'm waiting for that chic, neat, /Lithe, and svelte/Little missy, Oriole..."。Little missy（姐姐）更译出了原文中张生轻佻、爱慕的口吻。

同样这一段，许渊冲考虑到英语国家读者的文化背景和审美传统，采用了英文诗歌中常用的隔行或双行押韵的形式（ear/hear; tiptoe/slow）来再现原文唱词"侧着耳朵儿听，蹑着脚步儿行"的韵律："I incline my ear / So as to hear; / I walk on tiptoe / So as to be slow"❸，并利用排比的句式（so as to hear / so as to be slow）来再现原文句式的对称，让读者更好地体会到中国戏曲的形式和音律之美。但在顾及韵脚和句式对称的同时，许渊冲不得不舍去另一些修辞特征，如"悄悄冥冥，潜潜等等"一句，一连四组叠字，许渊冲没有做任何音律节奏上的处理："Furtively I go so that none may behold. And Silently for her I wait"，译成了散文效果；之后的"齐齐整整，袅袅婷婷"，许渊冲为了照顾后面几行诗文的押韵，也只翻译了字面的意思"for Yingying so full of charm and grace I wait"，没有诠释出原文的节奏感，也没有译出"姐姐"一词的内涵，不免有些可惜。

---

❶ 王实甫. 新刊大字魁本全相参增奇妙注释西厢记：上 [M]. 石家庄：河北教育出版社，2006：94.

❷ 王实甫. 西厢记：英汉对照 [M]. 许渊冲，译. 长沙：湖南人民出版社，2000：53.

❸ 王实甫. 西厢记：英汉对照 [M]. 许渊冲，译. 长沙：湖南人民出版社，2000：63.

在翻译第一本第三折的另一句"扑剌剌速鸟飞腾，颤巍巍花梢弄影，乱纷纷落红满径"时，许渊冲同样为了顾及韵脚，不得不舍弃了句式的对称性。原文中连续用三个一样的句式（前置副词+名词+动词）以及叠字"扑剌剌""颤巍巍"和"乱纷纷"分别形容鸟飞、梢动、花落三种连续又重合的景象，静中有动，生动优美。许渊冲的译文是"The birds which were asleep fly up with fluttering wing, /And moonlight plays with shadows of the shivering tree, / Shower by shower fall red blossoms of late spring."。在这三句中，许渊冲的译文不但押了尾韵，也押了头韵，展现了扑剌剌（fly/fluttering）、颤巍巍（shadows/ shivering）和乱纷纷（shower by shower）的节奏和音律感，可谓难得的佳作。但若仔细研究，读者会发现许渊冲的译文中三个句子结构是不对称的。译文第一句的结构是"主语+谓语+状语"（The birds which were asleep fly up with fluttering wing），第二句结构是"主语+谓语+宾语"（moonlight plays with shadows of the shivering tree），第三句结构是"方式状语+谓语+主语"（Shower by shower fall red blossoms of late spring）。此外，第一句开头的主语是一个带着定语从句的名词，第二句开头的主语是个双音节的名词，第三句开头是一个"名词+by+名词"构成的方式状语。三句连着一起读，结构上的差异立现。

同样一段，奚如谷和伊维德的翻译是"But it was just the flapping of a roosting bird rising on wing, / The quivering of a flowering branch shaking its shadow, / The jumble of falling red filling the path."❶。译文中三句的结构基本一致：在第一句的 it was 之后连着三个由 of- 属格构成的名词词组，而且 of 前后的名词结构也基本一致，例如 of 之前的 the flapping、the quivering、the jumble 都是"定冠词+名词"的结构；而 of 之后的 a roosting bird、a flowering branch、falling red 都是"形容词+名词"的结构，且这三个形容词都是在动词后面加上 -ing 转化而来的。奚如谷和伊维德的译文摆脱了押韵的束缚，在翻译时可以更多地顾及词义、句式等方面的内容。

在处理《西厢记》中一些俚语、俗语甚至粗鄙话时，奚如谷和伊维德

---

❶ WANG S F. The moon and the zither: the story of the western wing[M]. Berkeley & Los Angeles: University of California Press, 1991: 207.

常用的做法是运用英文中对应的俚语、俗语或粗话将其译出，许渊冲则倾向于选择一些比较书面化和委婉的词将原文意译出来。例如，第一本第三折中，崔莺莺隔墙听到张君瑞在吟诗，问红娘是谁。红娘答道："这声音便是那二十三岁不曾娶妻的那傻角。"原文中红娘是个没读过书不认识字的婢女，牙尖嘴利。"傻角"是骂人的话。奚如谷和伊维德将"傻角"译成英文口语中常用来骂人的 jerk❶，十分符合原文的语境和红娘的身份。许渊冲则将"傻角"翻译成 foolish scholar❷，显得过于文雅了。又如《西厢记》第五本第四折，张生取得功名后去拜见郑老夫人。因之前郑恒在老夫人面前造谣，说张生娶了尚书的女儿，不娶莺莺了，老夫人对张生的话将信将疑。只有红娘坚信张生不会变心，恶狠狠地骂了郑恒一通："那喫敲才怕不口里嚼蛆。那厮数黑论黄，恶紫夺朱。俺姐更做道软弱囊揣，怎嫁那不值钱人样虾蛆。"❸这一段"喫敲才""口里嚼蛆""那厮""人样虾蛆"全是骂人的话："喫敲才"意思是该打的家伙；"人样虾蛆"指的是像虾干一样弯腰驼背、形态干瘪猥琐的人。奚如谷和伊维德将"喫敲才"翻译成 that fit-for-beating scoundrel（该打的恶棍），"那厮"翻译成 that lout（举止粗鲁笨拙的人），"人样虾蛆"译成 human-shaped boar pig（人样公猪），用的都是英语口语中骂人的粗话。许渊冲的译本中则将"喫敲才"译成 blockhead（笨蛋），"那厮"直接译成 he，"人样虾蛆"直译成 hunchback（驼背），译文比原文平淡了不少，红娘的话少了几分恶狠狠的劲儿。

但奚如谷和伊维德的译文也并非全都如此通顺。二人翻译的重心始终放在忠实再现原文上，在内容与形式发生冲突时，二人选择了内容，而非形式。在翻译一些涉及中国历史文化典故的词汇时，二人时有"硬译"之作，即采用异化的原则，将原文直接照字面意思译出，这虽然便于研究者对中国

---

❶ "Why, it's the voice of that twenty-three-year-old, as-yet-unmarried, addlepated jerk!" WANG S F. The moon and the zither：the story of the western wing[M]. Berkeley & Los Angeles：University of California Press，1991：206.

❷ "It must be that foolish scholar who is twenty-three years old and still unmarried." 王实甫. 西厢记：英汉对照[M]. 许渊冲，译. 长沙：湖南人民出版社，2000：59.

❸ 王实甫. 新刊大字魁本全相参增奇妙注释西厢记：下[M]. 石家庄：河北教育出版社，2006：307.

古典文学进行研究，对中国历史文化知识起到了普及和推广的作用，却对没有中国历史文化知识背景的读者造成很大的麻烦。读者阅读时必须不时查找注释，否则无法直接理解词句的意思，这使读者的阅读体验非常不好。反而许渊冲的译文，虽不是逐字逐句紧抠原文字眼，却将具有中国特色的事物和词汇的基本含义传达清楚，令读者阅读时无须借助任何工具就能明白原文的意思，对没有中文背景的读者来说可以更便捷地了解《西厢记》的内容，并且韵文的形式也能让读者感受到中国古代戏剧的魅力，不至于让读者产生畏难而不愿继续读下去的念头，也不会产生"为何这样的文本能成为戏剧经典"的疑问，甚至还可能在阅读时乐在其中。

3.3 文本内在含义的体现

如上文所述，奚如谷和伊维德在翻译《西厢记》时更多的是考虑忠实地传达原文的意思，保留原作的语言文化特色，采取了近乎"直译"的异化翻译策略，将一些具有中国历史文化特色的词按字面意思译出来，再加脚注进行解释。许渊冲在翻译时则更多考虑到向西方世界介绍中国的优秀古典作品，展现中文的魅力，因此他依靠其过去将大量中国古诗词翻译成英文的经验，在传达原文意义的基础上更注重展现戏曲台词韵律（"形美"），采取了以归化为主的翻译策略，将文本中一些具有中国历史文化背景的词汇翻译成与原词意义相近的、具有西方历史文化背景的词汇。以第一本第一折张生唱词为例：

> 【混江龙】生唱：向诗书经传，蠹鱼似不出费钻研。将棘围守暖，把铁砚磨穿。投至得云路鹏程九万里，先受了雪窗萤火二十年。才高难入俗人机，时乖不遂男儿愿。空雕虫篆刻，缀断简残篇。❶

3.3.1 奚如谷和伊维德译本

奚如谷和伊维德在翻译时基本采取了异化的翻译策略。在翻译元曲的

---

❶ 王实甫. 新刊大字魁本全相参增奇妙注释西厢记：上 [M]. 石家庄：河北教育出版社，2006：62.

宫调和曲牌名时，译者是直接音译，并没有翻译唱词所用的宫调和曲牌名的中文意思。例如，"混江龙"就直译为 Hunjiang long，也没有进行注释，只在宫调的末尾加上 mode 一词，例如把［越调］【斗鹌鹑】翻译成 [*Yuediao* mode:] Dou anchun。❶ 这种做法是可取的，因为元曲中的宫调名和曲牌名只是一个名称而已，每种宫调和曲牌对曲调、韵脚和平仄等形式上的东西有规定，但与曲牌的名称没有关系，音译并不会扭曲或减少原文的意义，也不会影响读者的理解。

在遇到与中国历史文化有关的词汇时，译者也几乎都采取了异化的翻译策略。在【混江龙】这一段短短唱词的翻译中，译者就做了六处注释，分别解释了"诗书经传"(Poetry and Documents)、"棘围"(thorny enclosure)、"铁砚"(iron inkstone)、"鹏"(peng)、"雕虫篆刻"(whittle insects and carve seal-script characters) 五个典故的意思，并在唱词末尾加了注释说明：在别的版本中，这段唱词之后还有另一句"行路之间，早到黄河这边，你看这好地势呵"，但弘治版《西厢记》中没有。❷ 在对典故进行注释时，译者也不仅仅是解释词义便了事，而是引经据典，详细地讲述了词语典故的来源以及用法。例如，在解释"诗书经传"一词时，译者详细讲解了诗、书、经、传分别是指哪几本典籍，最后总结说现在这个词通常指所有中文古代典籍；在注释"雕虫篆刻"时，译者引用了汉代学者杨雄的话来进行解释。❸ 从这一段翻译可以看出译者治学态度严谨，对中国的古史典籍十分熟悉，并且显然对各个版本的《西厢记》都做了深入的研究，做了不同版本的比较，否则是不会发现弘治版《西厢记》比其他版本"少了一句话"这么细小的区别的。

中国国内一些学者认为奚如谷和伊维德的翻译采取异化的策略，保留了原文本的中国文化特色，让读者在阅读时认识到中西文化之间的差异，是值

---

❶ WANG S F. The moon and the zither: the story of the western wing[M]. Berkeley & Los Angeles: University of California Press, 1991: 172.

❷ WANG S F. The moon and the zither: the story of the western wing[M]. Berkeley & Los Angeles: University of California Press, 1991: 173.

❸ WANG S F. The moon and the zither: the story of the western wing[M]. Berkeley & Los Angeles: University of California Press, 1991: 172-173.

得肯定的。例如，张广龙分析了《西厢记》英译的几个阶段，指出20世纪70年代前的《西厢记》英译本内容和结构屡遭译者删改，证明了"强势文化地位的译者对待弱势文化的文本时多采用主观随意的翻译策略，不太尊重源语文本的完整性，导致文本结构的变形"，但奚如谷和伊维德的翻译"异化法趋势明显"，"尊重原作"。❶ 林超也指出了西方译者篡改删节中国古典原著的现象屡见不鲜，而奚如谷的翻译在某种程度上倾向于语义翻译，"在文化处理上大致采用异化手段，从而使译者的努力得到表现，中国文化得到尊重"❷，并引用异化理论代表人物韦努蒂的话说"异化的翻译在英语里可以成为抵制民族中心主义和种族主义，反对文化上的自我欣赏和反对帝国主义的一种形式，以维护民主的地缘政治的关系"❸。

但实际上，这种异化的翻译策略也造成了西方读者在阅读文本时的困难。遇到历史典故较多的段落时，读者需不断地到注释中寻找答案，阅读体验较差。译本中还有些词译者完全是照字面意思翻译，也没加注释，就更令人费解。例如，上文中提到的红娘骂郑恒的话"那喫敲才怕不口里嚼蛆"，奚如谷和伊维德将"口里嚼蛆"直接翻译成（that fit-for-beating scoundrel）is chewing maggots in his mouth❹（口里嚼着蛆），且未加注释说明，令人有些摸不着头脑。因为，中文中"嚼蛆"是骂人"瞎说，胡说八道"的意思。将"嚼蛆"译成英文 chewing maggots 后，西方读者恐怕只能感到恶心，却无法理解红娘这里是在骂郑恒编造谎言哄骗郑夫人的意思。许渊冲将原句翻译成 He'd tell nothing but lie，虽然没照字面意思翻译出"那厮"，却正确地翻译出了整句的意思。此外，或许是对中文理解上的偏差，奚如谷和伊维德的译本中还存在一些误译的情况。例如第一本第二折，张生向僧人诉说身世："俺先人甚的是浑俗和光，真一味风清月朗。"奚如谷和伊维德的译本把这句译

---

❶ 张广龙. 英语世界中的"花间美人"：《西厢记》英译历程的描写性研究 [J]. 河南农业，2008（24）：59.

❷❸ 林超. 考证严谨 意象忠实：浅谈《西厢记》奚如谷和伊维德英译本 [J]. 沈阳教育学院学报，2009，11（5）：13.

❹ WANG S F. The moon and the zither：the story of the western wing[M]. Berkeley & Los Angeles：University of California Press，1991：407.

成 "How could my late father have mixed with the vulgar crowd and matched their brilliance?/ He was altogether as fresh as a breeze and as radiant as the moon.",译文显然存在一些问题。"和光"是指混合、调和各种光彩,使得不光耀突出,不露锋芒,如《道德经》里的"和其光,同其尘"。张生用"浑俗和光"形容先人与世无争,显然不能用 matched their brilliance 来表示。而"风清月朗"这个成语是比喻人品性高洁,根本不是字面上的 as fresh as a breeze and as radiant as the moon(他如微风一般清新,如明月一般皎洁)。

3.3.2 许渊冲译本

不同于奚如谷和伊维德的译本中到处都是注释的情况,许渊冲的《西厢记》译本中几乎无任何注释。在翻译一些涉及中国历史文化典故的词汇时,许渊冲或选择意译,如上文中【混江龙】一段,他将"诗书经传"翻译成 the ancient classics❶,"雪窗萤火"翻译成 study day and night;或选择将词汇翻译成西方文化中类似的事物,如将"鹏"翻译成 roc,将"长老"译成 disciple of Abbot,将"救苦观世音"译成 the Goddess in white dress 等。

通过译者的加工,意译的方法可以保证译文最大化地传递原文的内容,也更容易让读者理解原文的意思。特别是在遇到中文中特有的"拆字"时,意译通常比逐字逐句的直译更容易为人所接受。如第五本第三折红娘唱【调笑令】骂郑恒,说他比不上张君瑞:

【调笑令】红唱:你值一分,他值百十分。萤火焉能比月轮?高低远近都休论,我拆白道字辩与你个清浑。净云:这小妮子省得甚么拆白道字?你拆与我听。红唱:君瑞是个"肖"字。这壁着个"立人",你是个"木寸""马户""尸巾"❷。

拆白道字意思是"拆字格",这是中文中特有的一种修辞,通过将某字按照汉字的组合方式拆散,重新组合,以生成新的义项。例如,《世说新语》

---

❶ 王实甫.西厢记:英汉对照[M].许渊冲,译.长沙:湖南人民出版社,2000:9.
❷ 王实甫.新刊大字魁本全相参增奇妙注释西厢记:下[M].石家庄:河北教育出版社,2006:291.

中记载着曹操在盒上写"合"字，杨修猜测是"一人一口"的故事。红娘的唱词中"肖"字旁边有个"立人"，合起来是个"俏"字。"木寸"合起来是"村"，"马户"合起来是"驴"，"尸巾"合起来是"屌"。红娘赞美张君瑞"俏"，损郑恒是"村驴屌"，但碍于郑恒是主人家的侄儿不能明着骂，"屌"字又不文雅，便用了"拆字格"的小把戏，展现了她泼辣大胆又机智聪慧的性格。这一段翻译成英文困难很大，因为中文的字可以拆分，英文的词却拆不了。奚如谷和伊维德在翻译时选择了直接按字面意思翻译，之后再加注释的做法："Junrui is the character 'similar to' / With an 'upright man' at its side. /You are an 'inch of wood,' a 'horse's door,' a 'corpse's kerchief'."❶。但就算是做了解释，不懂中文的读者一时恐怕也难以明白什么是"马的门""尸体的巾"，原文中的讥讽效果大打折扣。这一段许渊冲的译法是只翻译意思，不考虑拆字格，译文反而一看就明白："I would compare him to a steed/ And you to silly ass in speed"。英文中 steed 指骏马，正符合"俏"字的意思；而 ass 指驴子，在口语中通常用来骂人蠢，又正好符合原文中的"驴"字。读者一读就明白红娘的意思，而且红娘泼辣的语气也翻译出来了。

许渊冲用西方文化中的意象来代替《西厢记》原文中的中国文化意象，这种译法也是颇具争议的。而且稍有不慎，便会使译文显得不伦不类。例如，roc 一词原是阿拉伯民间故事集《天方夜谭》中的巨鸟，许渊冲借来代替了中国文化中的"鹏"，将"投至得云路鹏程九万里"译成 before I rise like roc to the celestial spheres。问题是阿拉伯文化对于英美国家的人来说也是异域文化。在欧洲人眼中，阿拉伯是近东，中国是远东，都是东方文化。就好比对普通中国读者来说，无论是希腊神话中的宙斯还是北欧神话中的索尔都是西方神灵，都不认识。用一个代替另一个，并不能形成文化上的认同感。

四、译本对比总结

奚如谷和伊维德翻译《西厢记》的主要目的是做学术研究，并向没有中文背景的英语国家读者介绍中文典籍，因此二者的《西厢记》译本追求忠

---

❶ WANG S F. The moon and the zither：the story of the western wing[M]. Berkeley & Los Angeles：University of California Press，1991：393.

实于原著，无论是底本的选择、译本的命名还是翻译的正文部分，译者都选择追求"原汁原味"，用异化的翻译策略最大限度地保留原文本的内容，通过考据加注释的方式对英语和英语文化中不存在的典故、历史和字词进行阐释。这样的翻译体现了译者严谨的治学态度和深厚的学术研究功底，也体现了译者对中国文化和文学的尊重。但太过追求保留原文本的字面意思也让译文通篇充满注释，给普通读者，特别是没有中国文化背景的西方读者，造成了一定的困难。此外，虽然译者是研究中国古代小说和戏剧的专家，二人对某些中文词汇和句子的把握和理解还是存在一定的偏差，造成译文有一些硬译和误译的部分。

许渊冲翻译《西厢记》的主要目的是向西方推广中国文化和历史典籍，所以他翻译的《西厢记》无论在底本的选择、译本的命名还是翻译的正文部分，译者都考虑到西方读者的文化、历史和审美背景，采用了归化的翻译策略，尽量做到译文贴近读者的认知，通俗易懂。同时，许渊冲的译文用散体翻译宾白，用韵体翻译唱词，从韵律和形式方面再现了原著的风采，使译文达到了"音美、形美、意美"的目的。但许渊冲的译文有过于追求押韵和形式的问题，有时为了押韵甚至牺牲了原文的内容，实不可取。

综上所述，奚如谷和伊维德的《西厢记》译本和许渊冲的《西厢记》译本不同之处分别体现在翻译的整体策略、底本的选择、译本的取名、文字风格和内在含义等方面。译者不同的选择背后是他们不同的翻译目的。

参考文献

［1］CANDLIN G T. Chinese fiction［M］. Chicago：the Open Court Publishing Co.，1898.

［2］WANG S F. The moon and the zither：the story of the western wing［M］. Berkeley & Los Angeles：University of California Press，1991.

［3］陈旭耀. 现存明刊《西厢记》综录［M］. 上海：上海古籍出版社，2007.

［4］董解元. 西厢记诸宫调注译［M］. 朱平楚，注译. 兰州：甘肃人民出版社，1982.

［5］伏涤修.《西厢记》接受史研究［M］. 合肥：黄山书社，2008.

［6］傅晓航.《西厢记》集解［M］. 兰州：甘肃人民出版社，1989.

[7] 黄季鸿.《西厢记》研究史：元明卷[M].北京：中华书局，2013.

[8] 蒋星煜.论弘治岳刻本《西厢记》的英译本[M]//王安忆，任仲伦.上海作家作品双年选（2001—2002）：古典文学卷.上海：上海文艺出版社，2003：319-329.

[9] 林超.考证严谨 意象忠实：浅谈《西厢记》奚如谷和伊维德英译本[J].沈阳教育学院学报，2009，11（5）：10-13.

[10] 鲁迅.鲁迅全集：第九卷[M].北京：人民文学出版社，1993.

[11] 吕叔湘.中诗英译比录[M].上海：上海外语教育出版社，1980.

[12] 潘文国.英译中诗鉴赏论略[J].文艺理论研究，1993（3）：67-74.

[13] 王实甫.西厢记：英汉对照[M].许渊冲，译.长沙：湖南人民出版社，2000.

[14] 王实甫.新刊大字魁本全相参增奇妙注释西厢记：上[M].石家庄：河北教育出版社，2006.

[15] 王实甫.新刊大字魁本全相参增奇妙注释西厢记：下[M].石家庄：河北教育出版社，2006.

[16] 王实甫.贯华堂第六才子书西厢记[M].金圣叹批评，付晓航校点.兰州：甘肃人民出版社，1985.

[17] 王实甫.金圣叹批评本《西厢记》[M].金圣叹批评，陆林校点.南京：凤凰出版社，2011.

[18] 王国维.宋元戏曲史[M].北京：东方出版社，2012.

[19] 魏城璧，李忠庆.中国戏曲翻译初探[M].南京：南京大学出版社，2012.

[20] 吴思远.奚如谷与中国戏剧研究[M]//《戏曲研究》编辑部.戏曲研究：第88辑.北京：文化艺术出版社，2013：388-406.

[21] 奚如谷，伊维德.王实甫的《西厢记》在中国文学中的地位[J].吴思远，译.国际汉学，2015（2）：121-130.

[22] 许渊冲.文学与翻译[M].北京：北京大学出版社，2003.

[23] 伊维德.西方大学中的中国传统戏剧研究[J].上海戏剧，2016（7）：27-29.

[24] 伊维德.元杂剧：版本与翻译[J].凌筱峤，译.文化遗产，2014（4）：46-56.

[25] 伊维德，马小鹤.伊维德教授访问记[M]//朱政惠.海外中国学评论：第2辑.上海：上海古籍出版社，2007：112-124.

[26] 张广龙.英语世界中的"花间美人"：《西厢记》英译历程的描写性研究[J].

河南农业，2008（24）：58-60.

［27］张海惠. 北美中国学：研究概述与文献资源［M］. 北京：中华书局，2010.

［28］中国戏曲研究院. 中国古典戏曲论著集成：二［M］. 北京：中国戏剧出版社，1959.

［29］中国戏曲研究院. 中国古典戏曲论著集成：八［M］. 北京：中国戏剧出版社，1960.